新入社員と学ぶ オフィスの情報セキュリティ入門

元NTTデータ ITサービスマネージャ
沢渡あまね 著
NTTデータ セキュリティスペシャリスト
山田達司 著

C&R研究所

■ 本書について

- 本書は2016年7月現在の情報で記述されています。
- 本書は著者・編集者が実際に調査した結果を慎重に検討し、著述・編集しています。ただし、本書の記述内容に関わる運用結果にまつわるあらゆる損害・障害につきましては、責任を負いませんのであらかじめご了承ください。
- 本書の「ものがたり」は、企業や自治体の職場で実際に起こった出来事をもとにして作られたフィクションです。「ものがたり」に登場する団体・人物などの名称はすべて架空のもので、実在の人物・団体とは一切関係ありません。

はじめに～「非」情報システム部門の人たちのための、情報セキュリティの教科書、できました！～

「セキュリティ対策ねぇ…。いや、やらなくてはいけないのはわかっているんですよ。でもね、どこから手をつければいいのか。どこまでやればいいのか…」

最近、営業・開発・購買・広報など、「ＩＴ部門ではない」部署の責任者や管理職、あるいは経営者からたいへんよく聞くセンテンスです。

いまや、私たちの仕事はＩＴ、およびＩＴを使った情報なしには成り立ちません。おそらく、ＩＴを利用しない日は限りなくゼロに近いでしょう。

ＩＴ依存が高まる一方、そのリスクも増えてきています。標的型攻撃・マルウェア・メール誤送信・なりすまし・ランサムウェア…常に新たな情報セキュリティリスクやセキュリティインシデントが発生し、新聞紙面を賑わしています。つい最近も、大手旅行代理店の顧客情報漏洩のインシデントが報じられました。私たちは、もはやどんな業種・職種であっても、情報セキュリティに無関心ではいられません。

「大丈夫。うちはＩＴにお金をかけて、最新のセキュリティ対策をしているから」

「セキュリティ？　情報システム部に任せておけばいいんだ。我々、素人がどうこうする問題ではない」

こうおっしゃる方もいます。しかし、果たしてそれで万全と言えるでしょうか？　情報システム部門の問題で片付けてしまってよいのでしょうか？

もちろん、セキュリティを守る技術は日々進化しています。しかし、その速度以上に新たな脅威が現われ続けています。もはや、イタチごっこと言っても過言ではありません。また、敵はちょっとした隙（「脆弱性」「セキュリティホール」などと言います）を突いて私たちを攻撃してきます。どんなに高価なセキュリティ対策を施したところで、安心とは言えないのです。

さらにもう1つ。セキュリティインシデントの多くは、実は「ヒューマン（人）」の部分や「アナログ（非ＩＴ）」の部分で起こっています。

日本ネットワークセキュリティ協会（ＪＮＳＡ）の調査によると、個人情報漏洩事故の8割以上は、なんと誤操作、管理ミス、紛失・置忘れなどのヒューマンエラーやアナログの部分に起因しているのです。

情報システム部門がシステムの対策はしていた、しかし、情報システムを使う人、すなわちユーザーの「ついうっかり」のヒューマンエラー（たとえば、メール誤送信）で機密情報をばらまいてしまった。あるいは、会話、印刷物などアナログな部分で情報を盗まれてしまった。これが実態なのです。

加えて、標的型攻撃などの新たなリスクも世間を賑わせつつあります。

ビジネスメールを装ったメールを社員が受信し、添付ファイルをクリックしたら知らないうちにＰＣがマルウェアに感染していた。そのＰＣを経由してサーバーに侵入され、個人情報を抜き取られていた。最近、増えてきているケースです。敵は通常やり取りするようなビジネスメールを装っているため、ＩＴ面のセキュリティ対策では防ぎにくい特徴があります。そうは言っても、「メールを使うな」「不審なメールを開くな」。これもなかなか現実的ではありません。電子メールはわたしたちのビジネスに欠かせないコミュニケーション手段ですし、それが不審かどうかの判断も難しいです（敵は「不審でないビジネスメール」を装っていますから）。

もちろん、知識とある程度の訓練により未然に感染を防ぐことは可能です。さりとて、１００％の防止効果があるとは言い難いでしょう。私たちは、標的型攻撃にやられることを前提に、「いかに早く気付くか？」「どうやって被害の拡大を防ぐか？」を考え、組織の行動習慣として定着させる必要があります。

情報セキュリティは、いまや情報システム部門になんとかしてもらえばいいのではない。「非」

情報システム部門の取り組みこそ重要です。ある映画の有名なセリフを借りるなら、「（セキュリティ）事件はＩＴ部門で起きてるんじゃない、現場で起きてるんだ！」といったところでしょうか。

本書は、オフィスの現場の管理者やセキュリティ担当者のために生まれました。
オフィスの現場の管理者・担当者に必要なのは、次の2つです。

- **情報セキュリティの基礎知識とリスクを知る**
- **「ヒューマン（人）」「アナログ（非ＩＴ）」の部分の対策をする**

技術による対策だけでは防ぎきれない前提で、情報セキュリティインシデントが…

❶**起こらないようにするためのルールや仕組み作り**
❷**起こってしまったときの振る舞い方**
❸**起こさせないようにする環境作り・風土作り**

この3つを一緒に考えて、実践しましょう。

この本は、オフィスのセキュリティ対策・業務プロセス改善の専門家である沢渡あまねと、セキュリティスペシャリストの山田達司がタッグを組んで書きました。

ＮＴＴデータ出身者と現職ＮＴＴデータの専門家。現場を知り尽くした2人が、世の中で実際に起こったインシデントをもとにした「ものがたり」と「解説」を通じて、あなたの職場でできること・すべきことをお伝えします。

社員がセキュリティインシデントを起こさないために。大切な部下や仲間を加害者・被害者にしてしまわないために。情報セキュリティを主体的にとらえ、身の丈にあった対策を着実に実行していきましょう。

「情報システム部門がやっているから、大丈夫」はあり得ません！

さあ、いよいよものがたりの始まりです。ここからは、新入社員・菊川《きくがわ》あやねちゃんにバトンタッチ。ある日突然「情報セキュリティ委員」を命じられた彼女と一緒に、セキュリティ対策を学んで実践しましょう！

２０１６年７月

沢渡あまね

登場人物紹介

■菊川《きくがわ》 あやね(22歳)

主人公。カナヤ製菓 営業企画部 企画管理チームに勤務する女性社員。4月に入社したばかりの、右も左もわからない新入社員。堅苦しいのが苦手でお菓子会社に就職したのに、与えられた仕事はまさかの情報セキュリティ委員!?　モットーは「当たって砕けろ」。

■都田《みやこだ》 慎次《しんじ》(43歳)

カナヤ製菓 リスク管理部課長。中途入社のベテラン社員。セキュリティスペシャリストの肩書きを持つ、情報セキュリティの専門家。営業企画部と兼務し、あやねを支えて営業企画部の情報セキュリティ対策を行うことに。趣味は映画とジャズ鑑賞。

■富士《ふじ》 康介《こうすけ》(25歳)

カナヤ製菓 営業企画部の3年目社員。「かったるいな～」が口癖で、ガツガツと仕事をするタイプではない。セキュリティのような堅苦しいものが嫌いで、情報セキュリティ委員のあやねを少し煙たがっている。

■榛原《はいばら》 聡史《さとし》(23歳)

インターネット系ベンチャー企業、ペガサスフロンティアの新入社員。あやねとは大学時代のサークルの仲間で、学生時代からつるんでよく遊んでいる。

■河津《かわつ》 秀人《ひでと》(45歳)

カナヤ製菓 営業企画部の課長であやねの上司。入社したてのあやねに、情報セキュリティ委員の重責を与える。温厚な人柄で地味なタイプ。趣味は犬の散歩と卓球。

■磐田《いわた》 智恵《ちえ》(35歳)

カナヤ製菓　営業企画部の主任。物静かなタイプ。2児の母。子どもが病弱なため、テレワーク(在宅勤務)をしたいと考えている。

■清水《しみず》 優衣《ゆい》(22歳)

カナヤ製菓 人事部の新入社員。あやねの同期で、内定者懇親会のときからの仲良し。あやねとは対極のおとなしい性格。カナヤ製菓の社員満足度向上が彼女のミッション。

■細江《ほそえ》 菜々美《ななみ》(24歳)

インターネット系ベンチャー企業、ペガサスフロンティアの3年目社員。サトシと同じ職場の先輩で、理知的で大人な雰囲気を漂わせている。サトシに密かな想いを寄せている？

目次

第2章 端末やデバイスとの付き合い方

第3章 外部の人との付き合い方

第4章 アナログな部分の管理こそ重要

第5章 多様性(ダイバーシティ)とセキュリティ

第6章 「あなた、いったい誰なの？」

第7章 セキュリティを味方につける

エピローグ

プロローグ

ミッション：営業企画部の情報セキュリティ対策をしてください！

とにかく堅苦しいのは苦手だ。

そして、ワクワクすることが大好きだ。

あやねが就職先にカナヤ製菓を選んだのは、そんな単純な理由からだった。大好きなお菓子のことばかり考えて過ごす。想像するだけでワクワクした。公務員や金融機関ははなから考えていなかった。なんだか堅そうだったから。子どもや大人をワクワクさせるような、そんな素敵な商品を生み出したい。世の中をお菓子で笑顔にするんだ！　カツカツカツ――ようやく履き慣れたパンプスの踵が階段にリズムを刻む。期待に胸を膨らませ、あやねは古びたビルの一室のドアを開けた。

目黒川沿いの裏通りの雑居ビル。その4階があやねの勤務先だ。色あせた鉄の扉に、「カナヤ製菓株式会社　営業企画部」の文字が並ぶ。ここ営業企画部は、本社ビルから500メートルほど離れたところにある。完全自社ビルの本社と異なり、他の企業と同居。すぐ上の5階はITベンチャー企業、3階と2階には旅行代理店が入っている。

カナヤ製菓は、東京・五反田に本社を構える創業50年の老舗企業だ。社員数はおよそ300名。お煎餅、ポテトチップ、キャンディーなどの駄菓子から、贈答用の高級菓子まで幅広いラインナップを提供している。「カナヤの栗最中」といえば中高年を中心に定評のある、ちょっと気の利いたブランド商品だ。最近では神戸の人気パティシエとコラボしたオシャレなスイーツも手がけている。女性からの人気も高い。

「菊川《きくがわ》　あやね　営業企画部勤務を命ずる」

新入社員研修の最終日、辞令を見たあやねは心の中で大きくガッツポーズをした。営業企画部は、新商品のプロモーションやコラボ企画などを仕掛ける部署である。「やった、希望通り!」あやねの胸は高鳴った。ふと顔を上げて周りを見回す。望み叶って歓喜する者、意にそぐわない配属に肩を落とす者。昼下がりの研修室は、歓声とため息が入り混じっていた。そんな中、あやねは瞳をキラキラ輝かせる。ところが…。

「菊川さん。あなたの最初の仕事は、情報セキュリティ委員です。ここ、営業企画部の情報セキュリティを強化してください」

配属後、最初の金曜日。課長の河津《かわつ》に呼ばれ、突然こう告げられた。

――えっ、えっ、えっ…。わたし、新しいお菓子の企画とか、プロモーションとか、そういうお仕事させてもらえるんじゃないんですか?

あやねは耳を疑った。情報とか、ITとか、セキュリティとか…そういうの苦手なんですけど。正面の課長の目を見据えたまま、右手でほっぺたをつねってみる。うん、痛い。残念ながら夢ではないようだ。河津は淡々と続ける。

「君も新聞やテレビのニュースは見ているでしょう。春野フーズの情報漏洩事件。あれが引き金になってね。社長が『ウチは大丈夫なのか?』って大騒ぎなんだよ」

そのニュースはあやねもよく知っている。冷凍食品メーカーの春野フーズの社員が、顧客リストを不正に外部の業者に販売して逮捕された事件。つい1カ月前まで、どのメディアもその報道で持ちきりだった。そういえば、入社初日に仰々しい誓約書を書かされたっけ。「業務で知り得た情報は一切口外しません」とか何とか。

河津によると、この事件を受けて社内各部門に情報セキュリティ委員を設置することになったらしい。そして、あやねがめでたく選ばれたとこういうわけだ。

「菊川さんには、営業企画部のセキュリティ対策を考えて実施してもらいたい」

河津は身を乗り出す。チャコールグレーのスーツが、窓から差し込む夕陽を浴びて淡く光った。

「見ての通り、ウチの部署はだらしないところがあってね。本社ビルから離れているせいもあってか、緊張感が足りないのかもしれないけれど…」

そう言われても「はい」とは答えづらい。配属になってまだ4日しか経っていないし、そもそも他の職場を知らないので比較のしようがない。河津は構わず続ける。

「でも、何でよりによって新人のわたしなんですか？」

あやねは率直に聞いてみた。ようやく営業企画部の人の顔と名前が一致するようになったばかり。そんな自分にセキュリティ対策なんて重責が務まるとは思えない。

「うん。新入社員のフレッシュな視点があったほうがいいと思ってね。引き受けてくれますね？」

河津はフレッシュを強調した。

「は…はい。自信はないですけれど…頑張ります」

そう答えるのが精一杯だった。河津は、「じゃ、週明けからよろしく」と残して応接室を出た。

あやねは自席に戻り、研修で配られた薄い冊子を手に取った。「情報セキュリティガイドライン」。もらっただけで一度も開いたことがない。仕方なしにパラパラとめくってみる。「私用のメールを送ってはいけません」「インターネットを業務外で利用してはいけません」…ごくごく当たり前のフレーズが続く。よろしくと言われたものの、いったいこれから何をどうすればよいのか？　そこで終業を知らせる鐘が鳴った。

帰り道。黄昏の川沿いの通りをとぼとぼ歩く。勢いで頑張りますと答えたものの、それで良かったのか？　考えてみれば、あやねは細かい管理ごとは大の苦手。昔から大雑把だし、忘れ物は多いし、おっちょこちょいだし、情報セキュリティなんて向いているわけがない。第一、あやねは文学部の卒業でＩＴの知識はこれっぽっちもない。河津はフレッシュさを期待してと言っていたが、それにしても自分はフレッシュすぎやしないか？　会社のこと、右も左もわからない。「わたしには無理です」そう断るべきではなかったのだろうか？

どんよりとした気持ちで、駅へと向かう。桜の花びらがふわり、風に舞いあやねのコートの肩をそっと撫で、やがて地面に沈んだ。

解説

オフィスの情報セキュリティとは

本書のテーマはオフィスの情報セキュリティです。そもそも情報セキュリティとはどういう意味でしょうか？　なぜ今注目されているのでしょうか？

セキュリティ、情報セキュリティとは

セキュリティとは、人、建物、財産など、さまざまな価値あるものを害から守ることです。テレビの宣伝で流れているホームセキュリティは住居を泥棒や火事、自然災害から守るものですし、ナショナルセキュリティは外交、軍隊、諜報機関などにより国の安全を守ることです。最近使われるようになったサイバーセキュリティはインターネットなどのサイバー空間をウイルスやハッカー、外国などによる攻撃から守ることですね。

情報セキュリティはその名のとおり、情報を安全に守ることです。オフィスにおける情報セキュリティの目的は企業が保有する紙、電子ファイルなど、さまざまな形をした情報を守ることです（IT系では情報セキュリティのことを単にセキュリティと呼ぶことがあります。本書でもセキュリティは情報セキュリティと同じだと思ってください）。

では、なぜ今情報セキュリティが注目されているのでしょうか？

それは情報が企業活動にとって重要になってきたとともに、情報が多くの危険にさらされるようになったからです。

企業活動にとって情報が重要に

企業の活動を支えるものを経営資源と呼びます。かつて経営資源は「ヒト」（人材）、「モノ」（製品、設備など）、「カネ」（資金）と言われていましたが、最近はこれに情報を加えた「ヒト・モノ・カネ・情報」とする考え方が主流になってきました。かつてはモノが不足しており、企業は同じものを短期間にいかにたくさん作るかを競っていました。今はモノがあふれており、人の好みも多様化しています。企業は多くのニーズに応える多くの製品を作り、それを必要とする人に届けることが重要になってきました。そのためには企画書、生産方法、顧客情

◉企業の活動を支える経営資源

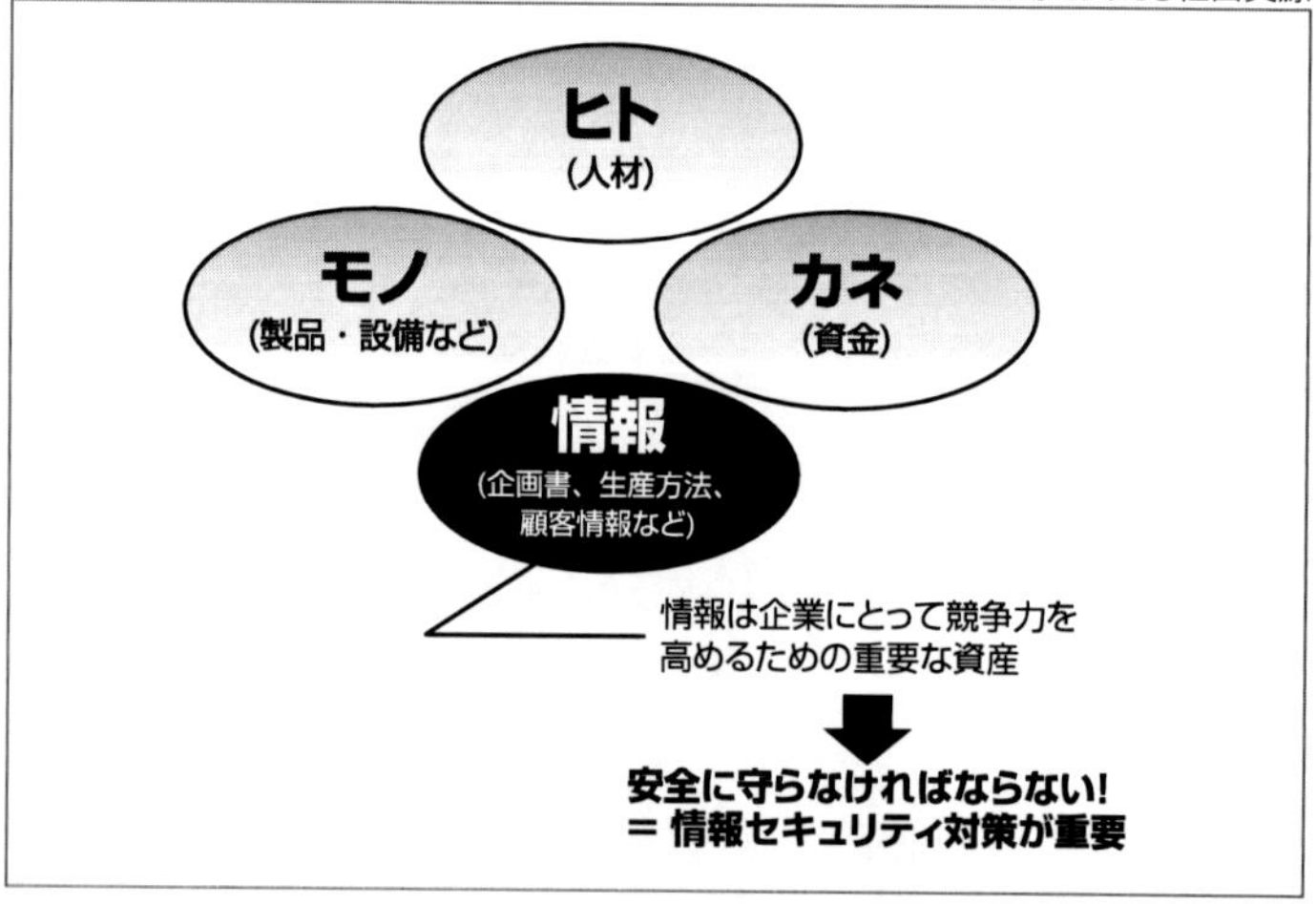

ヒト
(人材)
モノ
(製品・設備など)
カネ
(資金)
情報
(企画書、生産方法、
顧客情報など)
情報は企業にとって競争力を
高めるための重要な資産
安全に守らなければならない!
= 情報セキュリティ対策が重要

報などの情報がより重要になってきたからです。

情報は企業にとって競争力を高め、成長するための重要な資産なのです。

情報が多くの危険に

情報が重要になるとともに、情報が不適切に扱われることによる問題も多く発生しています。まず、社内にいる人間により情報が持ち出される事件が発生しています。

2014年、東芝は同社が保有する半導体の研究データを不正に入手したとして、ライバルである韓国企業SKハイニックスを不正競争防止法違反で訴えました。この事件で東芝は1000億円を超える利益を喪失したとしており、最終的に両社は330億円の支払いにより和解しました。

東京三菱UFJ証券ではシステム部の部長代理が借金返済のために、同社の顧客情報149万人分をCD-ROMによって持ち出し、名簿業者に転売しました。この事件により同社は70億円の被害が出たと主張しています。

最近は個人情報の漏洩事件が多数発生し、新聞を賑わせています。2014年、ベネッセでは、同社の顧客である学生と保護者の情報3500万件超がデータベースの運用を行っていた委託先社員により持ち出され、名簿業者へと転売されました。この事件で、ベネッセでは取締役2名が辞職し、利用者へのお詫びとして200億円の原資を準備しました。

さらにウイルス（最近はマルウェアと呼ぶこともあります）も技術的に高度になってきており、ウイルス対策ソフトでは守り切れなくなってきました。

2015年には日本年金機構が標的型攻撃と呼ばれるメールを用いた攻撃を受け、PCがウイルスに感染し、同機構が保有する125万件以上の情報が漏洩しました。日本年金機構は大きな非難を浴び、信頼を失墜してしまいました。

また、NTT i3による調査では、存在するウイルスのうち、ウイルス対策ソフトで見つけることができるのは40％強に過ぎないとも言われています。残りの60％はウイルス対策ソフトをすり抜けてしまうのです。標的型攻撃で使われるメールはどんどん本物っぽくなってきており、多くの社員がいる会社で標的型攻撃を100％避けるのは不可能だとも言われています。

このように情報セキュリティが守られない場合、企業は大きなダメージを受け、さらに攻撃が激しくなっていることから、情報セキュリティに対する企業の取り組みがより大切になってきているのです。

第1章 情報セキュリティとは

情報って、情報を守るってどういうこと？

あやねは図書館に寄り道した。情報セキュリティの知識を少しでも仕入れるためだ。「情報セキュリティ入門」「企業のセキュリティ対策」「やさしいセキュリティの本」…手当たり次第に15冊借りてみた。これだけ読めば、なにか活路が見いだせるだろう。この土日で情報セキュリティのプロになってやるんだ！　あやねは蛍の光のメロディーに急かされ、図書館を後にした。しかし…

「だめだ、チンプンカンプンだよ！」

ものの1時間で撃沈。書いてある言葉の意味がわからない。「ＰＫＩがどうのこうの」「キーロガーがうんぬん」「冗長化構成がなんのかんの」「ドメインコントローラーがあーだこーだ」「ランサムウエアが…」いったいどこの星の言葉ですか？　退屈な説明書きや意味不明な専門用語の羅列との戦いが、まもなく眠気との戦いに変わる。

無理だ。自分にはやっぱり重荷すぎる。週明け、河津課長に話して情報セキュリティ委員の任を解いてもらおう。日曜日の夜、あやねはそう心に決めた。

そして迎えた月曜日。朝イチで河津から応接室に呼ばれた。ちょうどよかった。さっそく決意を伝えよう。あやねは応接室のドアノブに手を掛けた。

扉の向こうには河津…ともう一人。見慣れない男性の姿があった。40代半ばくらいかな？　白髪交じりの眼鏡顔。少しよれた黒のスーツをまとって河津の右隣に座っている。細面で背筋がピンと伸びているからか、聡明な印象を受ける。

「紹介しよう。セキュリティスペシャリストの都田《みやこだ》課長だ」

河津が口火を切り、眼鏡紳士がさっと立ち上がって頭を下げる。

「都田です。はじめまして」

「は、はじめまして。菊川です」

セキュリティスペシャリスト？　いったい何者なんだろう？　あやねは目を丸くして、河津と都田を交互に見つめる。

「先週お願いした、情報セキュリティ委員の件なんだけどね…」

渡りに船。河津からその話題を切り出してくれた。流れに乗って、しっかりゴメンナサイを伝えよう。あやねはタイミングを見計らおうとした。

「新人の菊川さんに任せるには、荷が重すぎるだろうって思ってね」

——そうです。その通りです！　やっぱりわかってくださっていたんですね、課長。ということは、情報セキュリティ委員の任務は誰か別の人に!?

心の中で小躍りするあやね。しかし、次の一言であやねの期待は裏切られる。

「そこで、リスク管理部の都田課長に菊川さんのサポートをお願いすることにした」

——え、サポート？　ってことは、わたしはやっぱり情報セキュリティ委員をやらなければならない。そういうことですか⁉

あやねは、ようやくこの場の意味を理解した。都田は柔らかな笑顔であやねを見ている。少しでも警戒させまいとの気遣いか。

聞けば、リスク管理部はこの3月に発足したばかりの新設部署とのこと。メンバーの多くは社外からの転職者。都田もその一人で、2月まではＩＴ系のコンサルティング会社でオフィスのセキュリティ管理のプロとして手腕を発揮してきたそうだ。

「都田さんには、リスク管理部と兼務で営業企画部《ウチ》にしばらく居てもらうことになった。というわけで、二人三脚でよろしく頼んだよ」

「は、はい……」

結局わたしが委員をやることに変わりはないのね。あやねは脱力した。それでいて、セキュリティの専門家がついていてくれる安心感はあった。

じゃあ、僕は会議があるから。そう言って、河津は足早に去っていった。

「菊川さん、あらためてよろしくお願いします。カナヤの新入社員同士、一緒に頑張りましょう！」

都田は紳士なスマイルで意気込んだ。新入社員といっても、相手はあやねよりも一回り以上（おそらく）歳の離れたベテランだ。あやねは恐縮しながらコクンと頷いた。

かくして、新入社員あやねとセキュリティスペシャリスト都田による情報セキュリティの旅がはじまった。

「さてと」と言って都田はホワイトボードの前に立った。どうやら講義が始まるようだ。

「菊川さん。さっそくだけど…」

都田は黒のマーカーを手に取り、尋ねる。

「そもそも情報って何だろう?」

唐突な質問に困惑するあやね。ええと、情報ねえ。情報、情報…。ぶつぶつつぶやきながら宙を見つめる。

「やっぱり、個人情報とかですかね。お客さんや社員の名前、住所、生年月日とか。それに、開発や営業戦略の資料なども情報ですよね」

あやねはついこの間読んだ、情報セキュリティガイドラインの冊子の内容を思い出して答えた。

「本当にそれだけかな?」

少し意地悪な笑みを浮かべて、都田が問いかける。

「いいかい、企業にはこんな情報がある」

くるりと背を向けて、都田はホワイトボードに書き出した。

・顧客情報
・取引先情報
・営業情報
・社員や取引先の個人情報
・業務文書
・議事録
・企画書
・メール文書　など

まだ社会人になって日の浅いあやねにはピンとこないものもある。しかし、なんとなくイメージは掴めた。企業のあらゆるものが情報なのね。

「これらの情報は企業の資産だ。しかし、これらすべてをがんじがらめに管理すればいいというものではない。オフィスの情報セキュリティ強化のためには、次の3つのステップが重要だ」

都田は再びあやねに背を向け、図を描き始めた。

解説

企業の情報を守るには

オフィスでは、次の3つのステップにより情報を守ります。

ステップ1　情報資産の明確化

まず、何を守るかを決めます。「情報はすべて大切だ」と言いたくなる気持ちはわかりますが、対策に利用できる予算も人も限られています。すべての情報を同じように守ろうとすると、大切な情報の保護が不十分になってしまいますので、自分たちのビジネスにとって重要な情報は何かを決めましょう。

情報資産を明らかにする際には、「頻繁に利用していて、なくなったり、間違っていると困るものは何か?」「盗まれたり、紛失した場合に関係者(お客様、従業員など)に迷惑をかけるものは?」という観点から抽出するとよいでしょう。

◉オフィスの情報を守るための3つのステップ

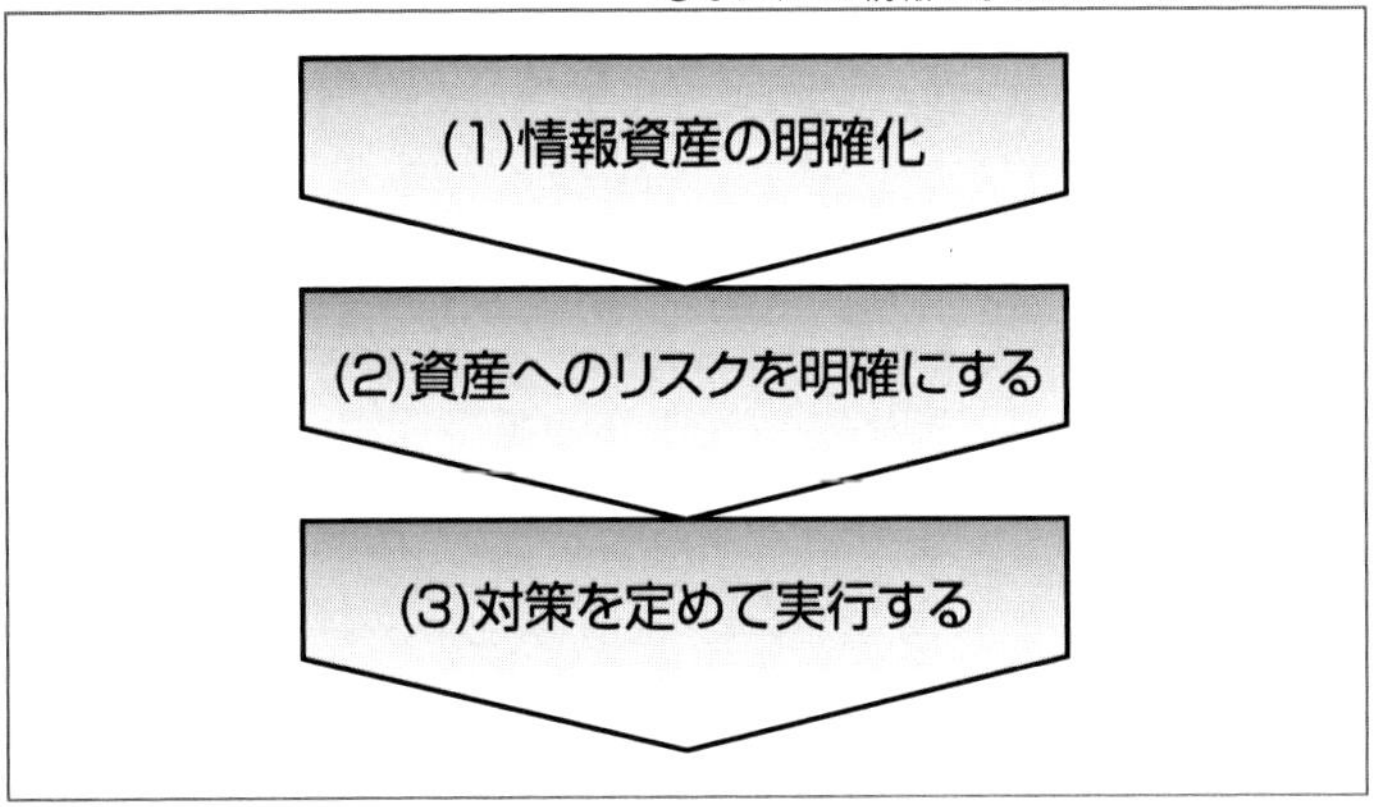
(1)情報資産の明確化
(2)資産へのリスクを明確にする
(3)対策を定めて実行する

ここで難しいのが情報資産をどの程度詳しく指定するかです。情報セキュリティの本では「新製品Aのプロモーションの企画書」「2017年3月に実施したBセミナーのアンケート結果」といったレベルでの抽出を勧めているものもありますが、これを始めると資産の数は数百、数千の単位になってしまいます。勢い込んで始めても途中で力尽きてしまうでしょうし、無事やり遂げたとしても日常的に増え続ける資産を追い続けるのはさらに大変です。

そこで、2つの方法を組み合わせることをお勧めします。1つは本当に重要な情報の分類を指定することです。「顧客名簿」「発表前の新製品情報」「製品の製造方法」「顧客から預かった経営情報」など、皆さんのビジネスの形態に合わせて、最も重要な情報を指定します。数は10から20くらいがよいでしょう。

もう1つは情報の保管場所を指定するものです。「ファイルサーバーmarket_sv1内の情報」「居室内ラック内のファイル」「社員用PC内の情報」「営業店バックヤードの本棚」などであれば、数は限られていますし、何人かの知恵を合わせれば、それほど時間をかけずに抽出することが可能でしょう。こちらはオフィスの形態が変わったり(例：支店、代理店制度の変更、アウトソースなど)、働き方が変わったり(モバイルワーク、テレワークの導入など)、ITの仕組みが大きく変わらない限り大きな見直しをする必要はありません。

ステップ2　資産へのリスクを明確にする

次に、これらの資産のリスクを調べます。でも、リスクとはなんでしょう？　日常的に使っている言葉ですが、いざ考えてみると正確な意味はよくわからないですね。

『リスクマネジメント－用語－規格において使用するための指針』（ＪＩＳ ＴＲ Ｑ ０００８：２００３年度版）という規格によると、リスクとは「ある脅威が脆弱性を利用して損害を与える可能性」とあります。う～ん、もっと難しくなってしまいました。さらに「脅威」と「脆弱性」という新しい言葉まで出てきました。

脅威は「システム又は組織に危害を与える事故の潜在的原因」とあります。これも難しい表現ですね。ここでは脅威は意図的（わざと）な攻撃、もしくは偶発的（わざとではない）な事故と考えましょう。ハッカーによるＷｅｂサイトへの攻撃、Ｗｅｂサイト閲覧によるウイルスへの感染、社員による情報の持ち出し、電車へのスマートフォンの置き忘れ、ファイルサーバーの電源ケーブルに足を引っかけるなど、情報の種類、形態によりさまざまな脅威が存在します。

ここで覚えていただきたいのは、脅威は必ずしも成功し、被害をもたらすとは限らないことです。ハッカーが攻撃したが失敗した。スマートフォンを落としかけたが、すぐに気が付いたなど、失敗に終わる脅威もあります。

そして、脆弱性は「脅威によって影響を受ける内在する弱さ」とあります。表現は難しいのですが、脅威（攻撃、事故）を受けてしまう弱点と考えましょう。

たとえば、ハッカーによるWebサイトへの攻撃が成功するためにはWebサイトのソフトウェアにバグがある、ソフトウェアにパッチがあたっていないという弱点が必要です。Webサイト閲覧によるウイルスへの感染が成功するためにはPCにウイルス対策ソフトがインストールされていない、ウイルス対策ソフトのパターンファイルが最新化されていないなどの弱点が必要となります。よく起こる事故である電車へのスマートフォンの置き忘れについても、スマートフォンと衣服をストラップケーブルで結んでいればすぐに気が付くので、結ばれていないということが脆弱性になります。

ここでリスクの話に戻りましょう。リスクは次の式で表すことができます。

リスク ＝ 資産が持つ脆弱性 × 脅威の発生する頻度 × 被害の大きさ

脆弱性とは資産が持つ弱点のことでした。これに脅威（攻撃、もしくは事故）が発生する頻度を掛けることで、被害が生じる確率を出すことができます。そして、被害が生じる確率に被害が発生した場合の大きさを掛けることで、一定期間にどれくらいの被害が発生するか（これを期待値と言います）、つまりリスクを予測することができます。確率が高くても被害が小さければリスクは小さくなりますし、被害が大きくても確率が小さければやはりリスクは小さくなります。

たとえば、1年に一度発生し、発生すると10万円の被害が発生する場合、リスクは1年あたり10万円になりますし、1000年に一度発生し、発生すると1億円の被害が発生する場合もやはりリスクは1年あたり10万円となり、リスクは同じになります（実際には、被害の発生確率や被害額を算定することは非常に難しいので、あくまでも例だと考えてください）。

この式からわかることはリスクの大きさには脆弱性（弱点）の有無、攻撃・事故の頻度、被害の大きさが関係しているということです。脆弱性を減らす、攻撃・事故の頻度を下げる、被害を小さくする、いずれの方法によってもリスクを小さくすることができるのです。

ステップ3　対策を定めて実行する

情報資産とリスクが明確になったら、リスクが大きなものから対策を考えます。先ほどお話ししたように、リスクを小さくするには脆弱性を減らす、攻撃・事故の頻度を下げる、被害を小さくするの3つの方法が考えられます。たとえば、脆弱性を減らす例としては、次のようなものがあります。

- サーバーにセキュリティソフトをインストールする
- PCのウイルス対策ソフトで毎日パターンファイルのアップデートを行う
- 床を這っている電源ケーブルをテープで固定し、ひっかけにくくする
- スマートフォンをズボンにケーブルで結ぶ

そして、攻撃・事故の頻度を下げるための対策は次のようなことなどがあります。

- **社外から利用しないサーバーをイントラネットへ移動する**
- **使わないＰＣの持ち出しを減らす**

最後に被害を小さくする対策としては、次のようなことが考えられます。

- **紛失に備え、頻繁に利用する情報はコピーを作っておく**
- **保険に入る**
- **事故時の対策マニュアルを作り、社員に教育を行う**

これらにより、リスクを「これくらいなら我慢できる」というレベルまで小さくするように対策を考えます。

ここで注意をしたいのは、対策を行うほどリスクは小さくなりますが、多くの場合リスクはなくならない、つまりゼロにすることができないということです。これについては後ほど説明します。

情報セキュリティの脅威

――そうか、何がなんでも管理すればいいってわけではないのね。守るべき情報は何かを明確にして、どんなリスクがあるかを考えて、対策する。なんとか道が見えてきそうだ。

あやねは都田の板書を見て、うんうんと頷いた。少し肩の荷が軽くなった気がする。

「菊川さん、もう1つ質問だ。これらの情報ってどんな危険にさらされているかな？　言い換えれば、どんな脅威があるか？」

再び宙を見つめるあやね。危険、脅威…ねぇ。

「やはり、情報漏洩とか、不正持ち出しとか…？　ですかね？」

春野フーズの一件があやねの頭をよぎる。ニュースで騒がれている話題はピンとくるが、果たしてそれだけなのかしら？

「そうだね。『漏洩』『盗難』『不正利用』。これらは代表的な脅威だね」

都田はホワイトボードに3つの文字を書いた。漏洩の『洩』を書こうとしたところで一瞬手が止まった。どうやら漢字を思い出せなかったらしい。

「他には？」

…やっぱり他にもあるんだ。しかし、あやねは即答できない。

「では、我々を取り巻く情報セキュリティの脅威を整理してみよう」

都田は解説を続けた。

解説

情報資産に対するさまざまな脅威

先ほど脅威とは「意図的な攻撃、もしくは偶発的な事故」と説明しました。具体的にはどのようなものがあるのでしょうか?

主な脅威

ここでは主な脅威と、それにより発生する代表的な被害を紹介しましょう。

自然災害

地震、台風、水害などです。これによりＰＣ、サーバーの転倒、水濡れによる故障、動作停止などの被害が発生します。

インフラの停止

停電、断水などです。これによりサーバー、ＰＣの動作停止やデータ破壊などの被害が発生します。

故障
ハードウェア（サーバー、PC、ネットワーク装置）、ソフトウェアの故障によりサービス停止、情報の紛失などの被害が発生します。

侵入
居室内、サーバールームへの侵入、ネットワークからのサーバーへの侵入により、情報漏洩、サービス停止、情報改ざんなどの被害が発生します。

破壊
サーバー、PCなどの物理的な破壊やハードディスク上の情報の消去などにより、情報の紛失、サービス停止などの被害をもたらします。

改ざん
さまざまな情報の書き換えにより、サービスの停止、経済的な損失（不正発注など）、情報の紛失など、さまざまな被害が発生します。

盗聴

盗聴器による会話の盗聴、ネットワーク上のデータの盗み見などにより情報漏洩の被害が発生します。

盗難

PC、サーバー、書類などの盗難により経済的な損失、サービス停止、情報漏洩などが発生します。

フィッシング(詐欺)

利用者をだまして、経済的に価値がある情報をだまし取ることを意味します。経済的に価値がある情報には銀行の口座番号と暗証番号、クレジットカード番号、ポイントカードの番号などがあります。代表的な手段としては金融機関からの通知を装ったメールを送信し、そこから偽のWebサイトへアクセスさせ、ログインに必要なIDとパスワードを入手する方法があります。

不正利用

情報やPC、サービスを本来の目的以外に利用すること。業務用PCを私的な用途に利用する、許可されていない情報へのアクセス、許可されていない居室への侵入などはさまざまな被害につながります。

なりすまし

他人のふりをしてサービスを利用する、情報へのアクセスを行うこと。これにより情報の不正な入手、盗聴、改ざんなどが可能になります。

踏み台

脆弱性を持つＰＣ、サーバーへ侵入し、そこから別の攻撃を行うこと。

不正ソフト

ウイルス、マルウェアなど、不正な目的をもって作られたソフトウェアのこと。このソフトウェアをインストール(感染)してしまうと、なりすましにより情報にアクセス、持ち出しされる、踏み台として利用されるなどの被害が生じます。

サービス妨害

不正なサービス要求を多数行うことで、正規なサービスの提供を妨害する行為。サービス停止、サービス品質の低下などの被害が生じます。

否認

さまざまな行為を自分がやっていないと主張すること。サービスの不正な利用、経済的な損失、事故の原因調査が難しくなるなどの被害が発生します。

最近被害が多い脅威について

これまで説明したように脅威には多くの種類があります。その中でも特に最近多くの被害をもたらしている5つの脅威についてもう少し紹介しましょう。

自然災害

東日本大震災とそれに続く津波、停電などにより多くのサービスが停止し、サーバーとその中の情報が失われたことは記憶に新しいのではないでしょうか？　頻繁に起こるわけではありませんが、いったん起こると甚大な被害を生じる自然災害では情報やサーバーのバックアップの必要性が再認識されました。

標的型攻撃（フィッシングと不正ソフトの組み合わせ）

ここ数年、多くの個人情報漏洩事件を発生させているのが標的型攻撃です。標的型攻撃とは特定の企業を狙い、本物に見えるウイルス付きのメールを送ることでウイルスに感染させる攻撃方法で、フィッシングと不正ソフトを組み合わせたものと言えます。

以前もメールによりウイルスを送付する攻撃は多く行われていましたが、不特定多数を対象とした無差別なものであることから「本文が英語や中国語、ハングル語で書かれている」「日本語がおかしい」「内容が不自然」であるものが多く、少し注意をすれば回避できるものがほとんどでした。

しかし、標的型攻撃では実際に存在する組織からの送信を装い、日常的にやり取りされる内容に類似した内容がメールに書かれているため、正しいメールと見分けることが難しくなっています。たとえば、2015年に日本年金機構に対して行われた標的型

◉標的型攻撃の例の図

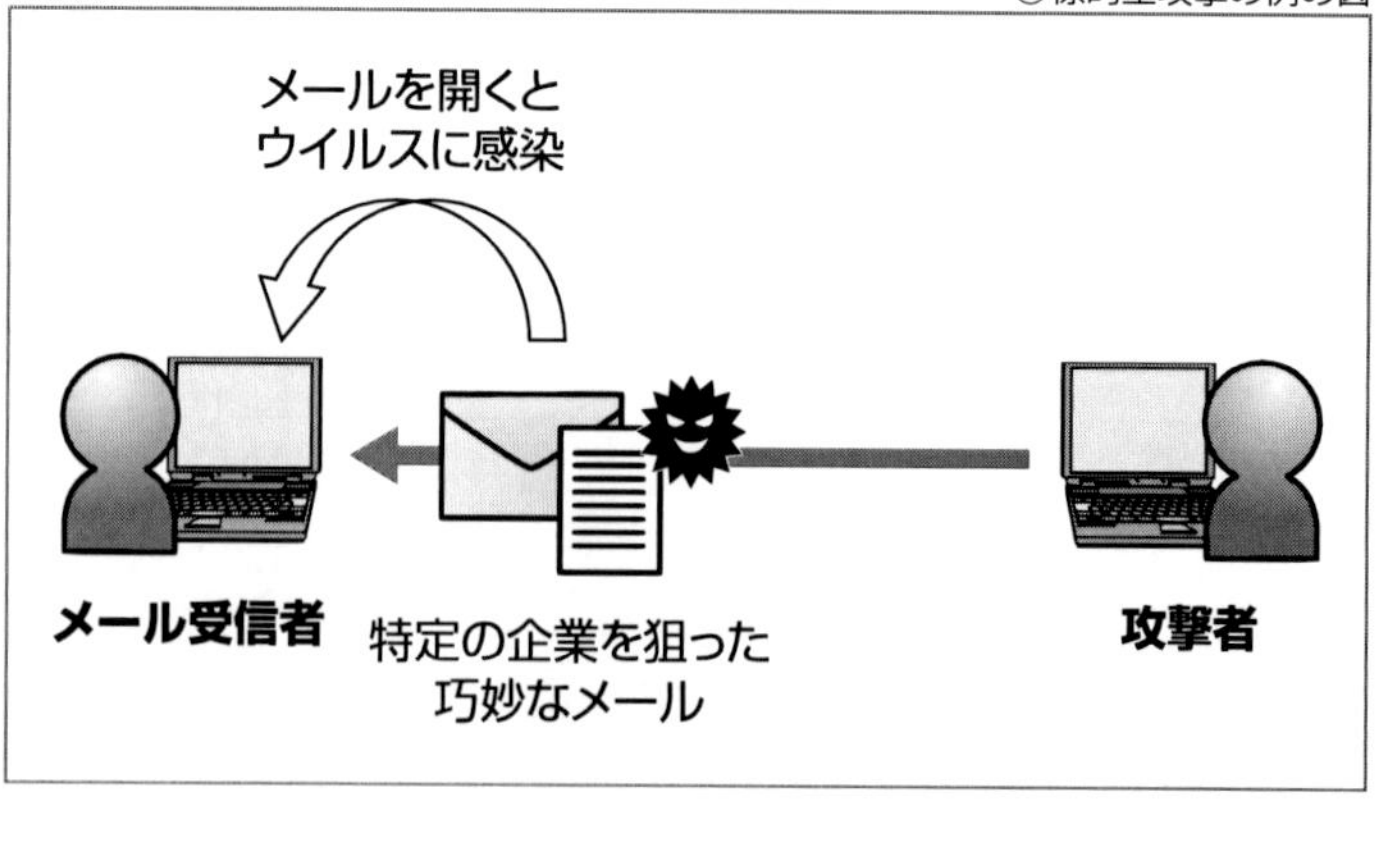

攻撃ではメールのタイトルが「『厚生年金基金制度の見直しについて（試案）』に関する意見」となっており、メールの先頭にはメール受信者の名前が漢字で書かれていたため、これを本物のメールであると誤解してしまったことを一概に非難はできないでしょう。

水飲み場攻撃（フィッシングと不正ソフトの組み合わせ）

標的型攻撃に並んで多くの被害を発生させているのが水飲み場攻撃です。水飲み場攻撃では、まず人気があるWebサイトが改ざんされ、ウイルスが仕込まれます。そしてそのWebサイトにアクセスしたPCにパッチがあたっていないなどの脆弱性があると、ソフトウェアのインストールを行うことなく、ウイルスに感染してしまいます。人気があるWebサイトにウイ

●水飲み場攻撃

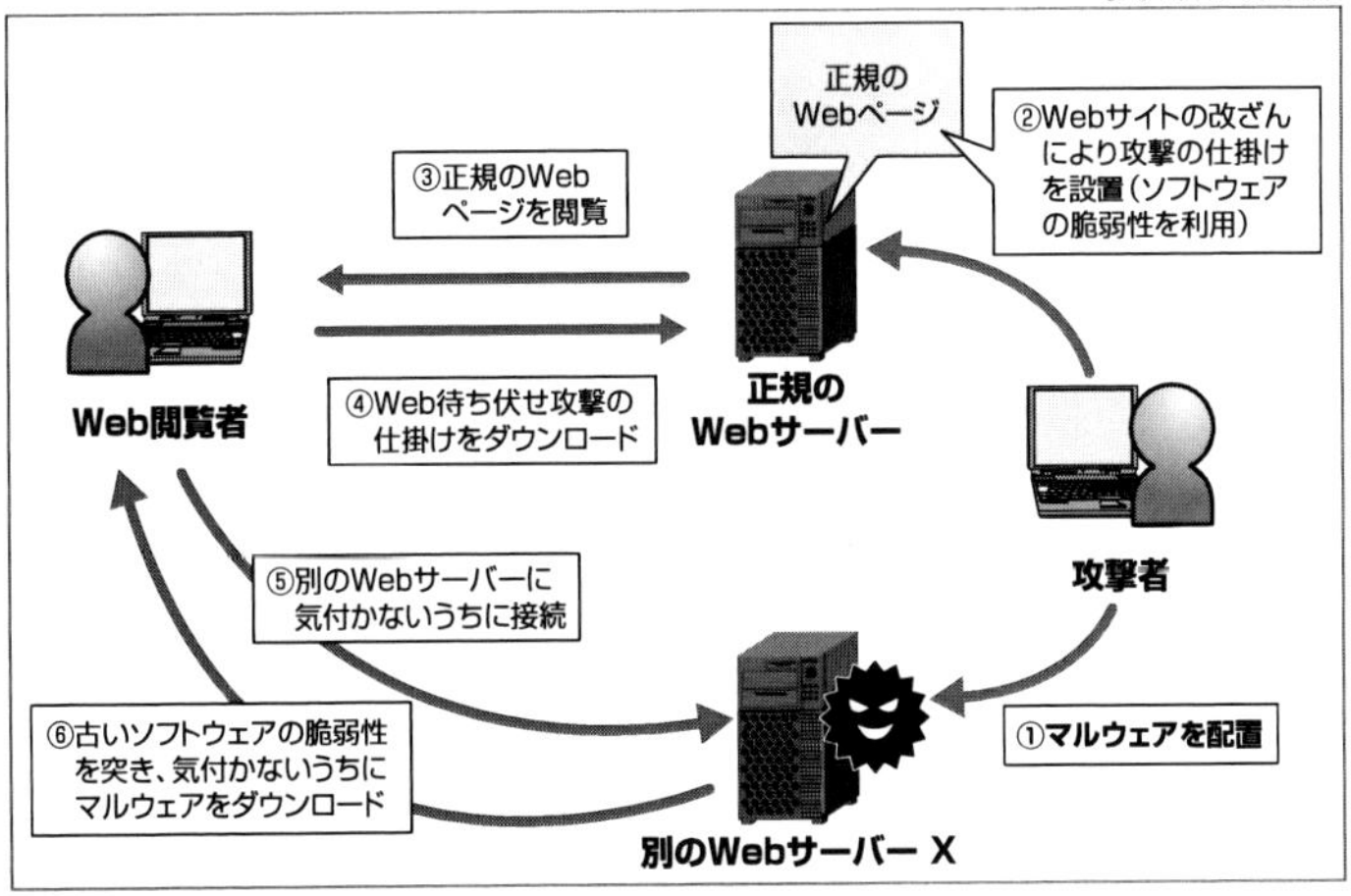

ルスを仕掛け、そこに利用者がアクセスしてくるのを待つ行為が水飲み場に毒や罠を仕掛ける方法に似ていることからこの名前が付けられました。

ここ数年では成田空港、角川書店、ドン・キホーテ、大阪大学、トヨタ自動車など多くの人気があるWebサイトが改ざんされ、水飲み場攻撃に利用されました。

さらに最近では、多くのWebサイトに表示される広告にウイルスが仕込まれてしまい、広告を表示する多くのサイトが水飲み場攻撃に利用されるという新たな攻撃も発生しています。この方法はマルウェアと、広告を表すアドバタイジングを合わせて、マルバタイジング攻撃と呼ばれます。

遠隔操作型ウイルス（不正ソフトの一種）

標的型攻撃や水飲み場攻撃の第一の目的は利用者のPCにウイルスをインストール（感染）させること

◉遠隔操作型ウイルス

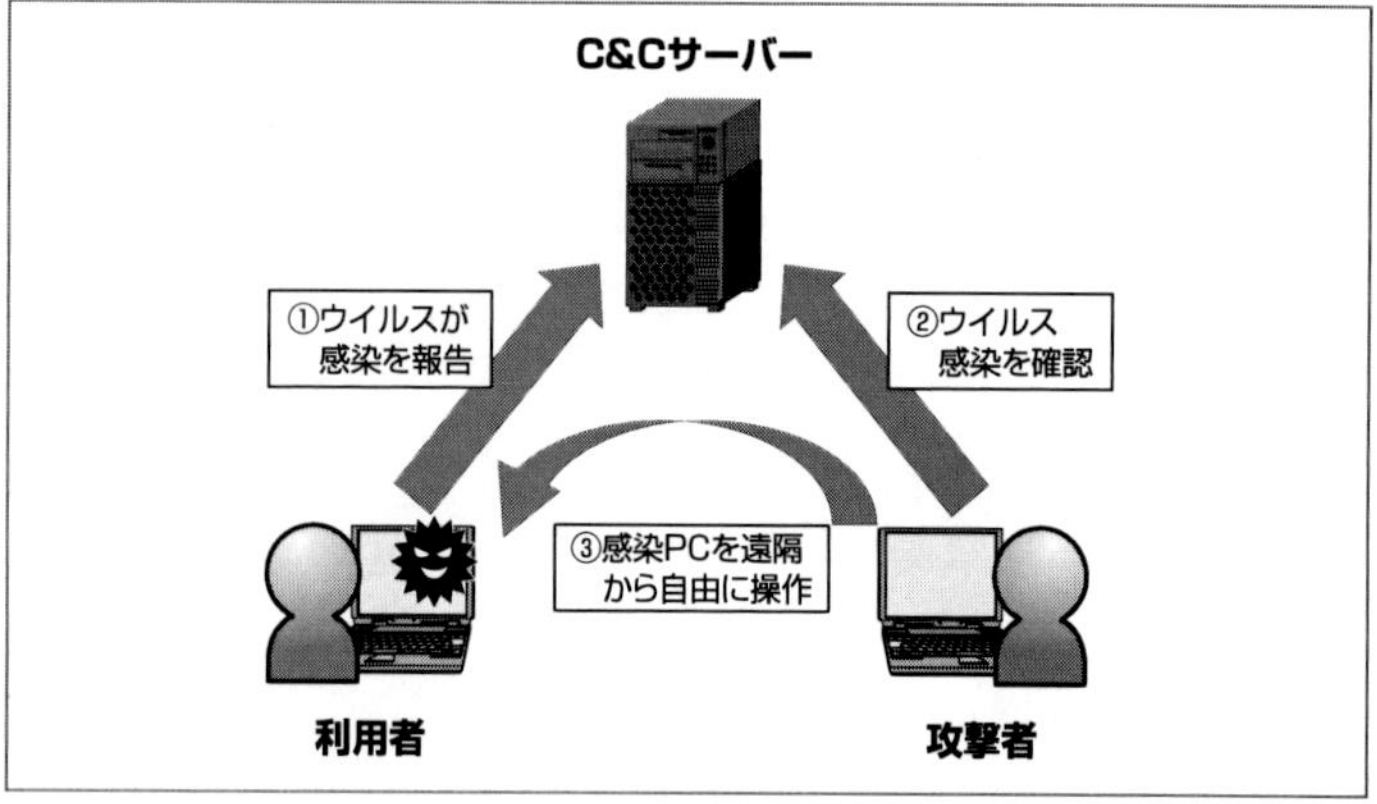

です。このようにウイルスに感染させる手法も進化していますが、ウイルスそのものも進化をしています。進化したウイルスの代表的なものが遠隔操作型ウイルスです。

従来のウイルスは感染した後、PCを起動不可能にする、PC内部のファイルを集めて、外部へ送信するなど、事前に定められた処理しか行うことができませんでした。しかし、遠隔操作型ウイルスではインターネット上にあるC&C(Command and Control：命令をして制御するという意味)サーバーを経由することで攻撃者にPCが感染したことを知らせ、攻撃者が遠隔地からPCを操作することができるようになったのです。

攻撃者は標的型攻撃、水飲み場攻撃などの準備をしたのち、C&Cサーバーを監視することでPCがウイルスに感染するのを待ちます。そして、感染を発見するとC&Cサーバーを経由して感染したPCを操作する、つまり遠隔操作が可能になります。リモートデスクトップサービスを使ったことがある方は、攻撃者により自分のPCが利用されていることを想像してみてください。

攻撃者はPCの所有者に知られることなく自由にPCを操作することができるので、PCの中から重要なファイルを探したり、ファイルサーバーへアクセスして重要なファイルを探したり、イントラネット上のサービスにアクセスしてシステムの不正利用を行うことができます。

遠隔操作型ウイルスにはキーロガー機能が付いているため、アクセスに必要なIDとパスワードも盗まれてしまいます。キーロガーとは利用者によるキー入力を監視して、それをC&Cサーバーへ送る機能のことです。攻撃者はC&Cサーバーにアクセスすることで、利用者が入力したIDやパスワードを入手することが可能です。

2012年には5人の男性が掲示板などへ犯行、殺人予告をしたとして逮捕されましたが、実際は逮捕された人のPCに遠隔操作ウイルスがインストールされており、真犯人が遠隔操作により犯行、殺人予告を行っており、誤認逮捕であったことがわかっています。

内部犯行（侵入、盗難、破壊などの組み合わせ）

また、内部の正当な権限を持った人が犯罪を行う内部犯行も後を絶ちません。社員、契約社員などが金銭に変えることを目的として顧客情報、機密情報を持ち出す事件が多く発生しています。これら内部からの攻撃は、居室への入室、システムの利用などが認められているため、外部からの犯行、攻撃に比べて対策を行うことが非常に難しくなります。

情報セキュリティは誰のため？～6者に価値を提供する～

「情報セキュリティ対策を考えろ」と言われて、あやねは個人情報漏洩など悪意による犯罪を防ぐことだけをイメージしていた。悪さをできないようなシステム対策をしたり、罰則を作ったり。しかし、それは氷山の一角にすぎないようだ。都田の下で、しっかり勉強しなくては。

「このグラフを見てほしい。これは、日本ネットワークセキュリティ協会が発表している２０１３年のセキュリティインシデントに関する調査報告だ」

自分のノートＰＣを傾けて、画面をあやねに見せた。表と円グラフが表示されている。

◉個人情報漏洩の件数・被害額などについて

1388件の個人情報漏洩インシデントが発生。
損害賠償額はおよそ**2億円**。

漏洩人数	925万2305人
インシデント件数	1388件
想定損害賠償総額	1439億円
1件あたりの漏洩人数	7031人
1件あたり平均想定損害賠償額	1億926万円
1人あたり平均想定損害賠償額	2万7701円

※出典:「2013年情報セキュリティインシデントに関する調査報告書
〜個人情報漏えい編〜」(NPO 日本ネットワークセキュリティ協会)

◉個人情報漏洩インシデントの原因

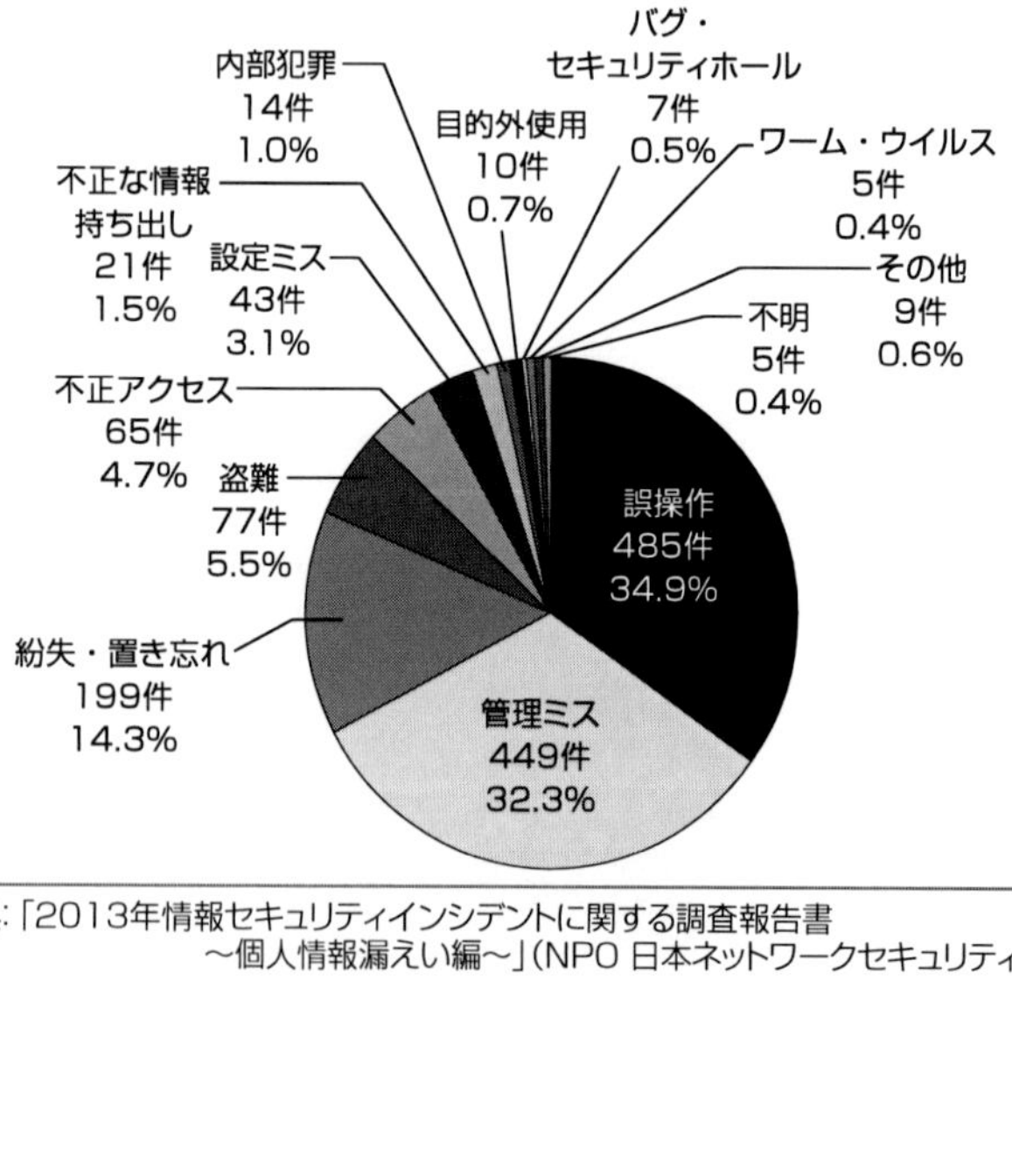

※出典:「2013年情報セキュリティインシデントに関する調査報告書
〜個人情報漏えい編〜」(NPO 日本ネットワークセキュリティ協会)

「へえ。個人情報漏洩事件って、1年で1388件も発生しているんですね！」

そんなにしょっちゅう起こっているものなのか。あやねは驚いた。

「それもそうだが、もう1つ何か重要なことに気が付かないかな？」

淡々と問いかける都田。あやねは円グラフに書かれた文字をじっくり眺める。あ、なるほど！

「不正や犯罪によるインシデントって、ごくわずかなんですね」

「その通り！　ほとんどが、オペレーションミス、管理不行き届き、置忘れなどの過失によるものなんだ」

都田はこぶしを握りしめて力説した。世の中、悪い人で満ち溢れているわけではないのだ。

あやねは少しほっとした。

――ということは、悪さをさせない仕組み作りと、お仕置き作りだけではダメってことね。ヒューマンエラーを減らす、あるいはヒューマンエラーが発生した場合の対策こそ重要だ。

でも、いったいどうやって？

そこでチャイムが鳴った。定時の17時半だ。今日の都田の講義はお開き。

「お疲れ様でした！」

事務室に戻ったあやねは、元気に挨拶して階段を駆け下りた。

＊＊＊

「あやね！」

帰りがけ、駅に続く大通りを歩いていると、後ろから聞きなれた声が追いかけてきた。

「優衣〜♪　ひさしぶり〜」

振り返ると、同期の清水優衣《しみずゆい》がちょこんと立っていた。優衣はあやねと内定者懇親会のグループが一緒で、去年からちょくちょくメッセンジャーアプリで連絡を取り合って仲良くしている。

どちらが誘うともなく、そのまま近くのカフェに入った。あやねはカフェラテを、優衣はハーブティーを注文する。2人は、2階の窓に近い円テーブルに腰掛けた。

「あやねとは意外と顔合わせないよね。ほかの同期の皆とはよくすれ違うんだけれど」

優衣はスプーンで紅茶をかき混ぜながら言った。あやねより少しばかり背丈の小さい優衣。お嬢さん育ちの大人しいタイプだ。確か、所属は人事部だって言ってたっけ。

「そういえばそうね。ほら、営業企画部って本社と離れた孤島にあるからさ。なかなか本社ビルの皆と会えないのよ」

「離れ小島。確かにそうね！」

優衣はくすりと笑った。

それからお互いの仕事の話になった。優衣は、社員満足度向上のプロジェクトに参画することになったらしい。皆、それぞれの持ち場で頑張っているな。あやねはうれしくなった。

「人事部では、毎年12月に全社員を対象にした社員満足度調査を実施しているの。いま、去年の調査結果を見て分析しているところなんだ」

優衣は楽しそうに近況を語った。社員満足度。それって部署によって大きく変わるものなのだろうか？ ちなみに、社員満足度が低い部署ってどこなのだろうか？ あやねは興味津々に聞いてみた。

「それが、言いにくいんだけれど…」

優衣はとたんに表情を曇らせ、視線を落とした。

「えーっ！ ウチの部署、最下位なの⁉」

突然の叫び声。後ろのお客さんたちが一斉に振り向く。

「しーっ、あやね声大きいよ！」

「あ。ゴメンゴメン。…で、なんでなんで？ 何が原因なのよ？」

声のトーンを落としつつも、食い付くあやね。これは聞き捨てならない。優衣はここだけの話にしてねと前置いて、続けた。

営業企画部の社員満足度が低い主だった理由は、

「コミュニケーションが悪い」「暗い」「互いに無関心」。確かに、20名程度のこじんまりした所帯のわりには皆、静かだし、挨拶も少ない。他を知らないので、会社とはそういうものなのかと思っていたが、あながちそうでもないのかも。

それにしても、よりによって社内最下位だなんて…。優衣と別れ、あやねは重い足取りで地下鉄の階段を降りた。モチベーションの低い営業企画部。堅苦しいセキュリティ対策なんてやったら、さらに息苦しくて暗い職場になってしまうのではないか?

——セキュリティ対策…必要性は理解したけれど、いったい誰のためにやるのかわからなくなってきちゃった。

地下の薄暗いホームが、より一層暗く感じられた。

＊＊＊

翌日、あやねはその疑問をストレートに都田にぶつける。

「そもそも、情報セキュリティ強化って誰のためにやるんですか?」

あやねは昨日、優衣から聞いた話をかいつまんで説明した。

「なるほど。誰のための情報セキュリティね。いい質問だ」

まさか褒められるとは思わなかった。都田は続ける。

「で、菊川さんは誰のためにやるんだと思う?」

——誰のため? そういえば考えたことなかったな。ただ河津課長から言われたからやらなくちゃってそう思っていた。

「質問を変えよう。たとえば、カナヤ製菓がお客さんの個人情報を流出させたとする。困るのは誰だろう?」

縁起でもないたとえだ。でも真剣に考えなくては。

「もちろん、お客さんですよね」

「そうだね」

都田はホワイトボードに楕円を書き、真ん中に「顧客」と書いた。

「他には?」

「私たち従業員も困っちゃいます。売上が減って、お給料減ったりしたら嫌です」

あやねにとっても死活問題だ。ただでさえ少ない初任給、減らされてたまるものですか!

都田は「従業員」の楕円を付け加える。

「それだけかな?」

はて。他に困る人って誰だろう? 都田はニヤニヤしてあやねを見ている。

「当社の正式名称って何だっけ?」

「カナヤ製菓株式会社…あっ!」

そこであやねはひざを打った。

「株式会社…ってことは株主って存在も重要ですよね?」

「そう!」

ホワイトボードがどんどん賑やかになっていく。

「他にも登場人物はいる。まとめると、情報セキュリティは6者に価値を提供する。逆の見方をすれば、情報セキュリティをないがしろにするとこの6者に迷惑をかけることになるんだ」

都田はマーカーを握り締めた。

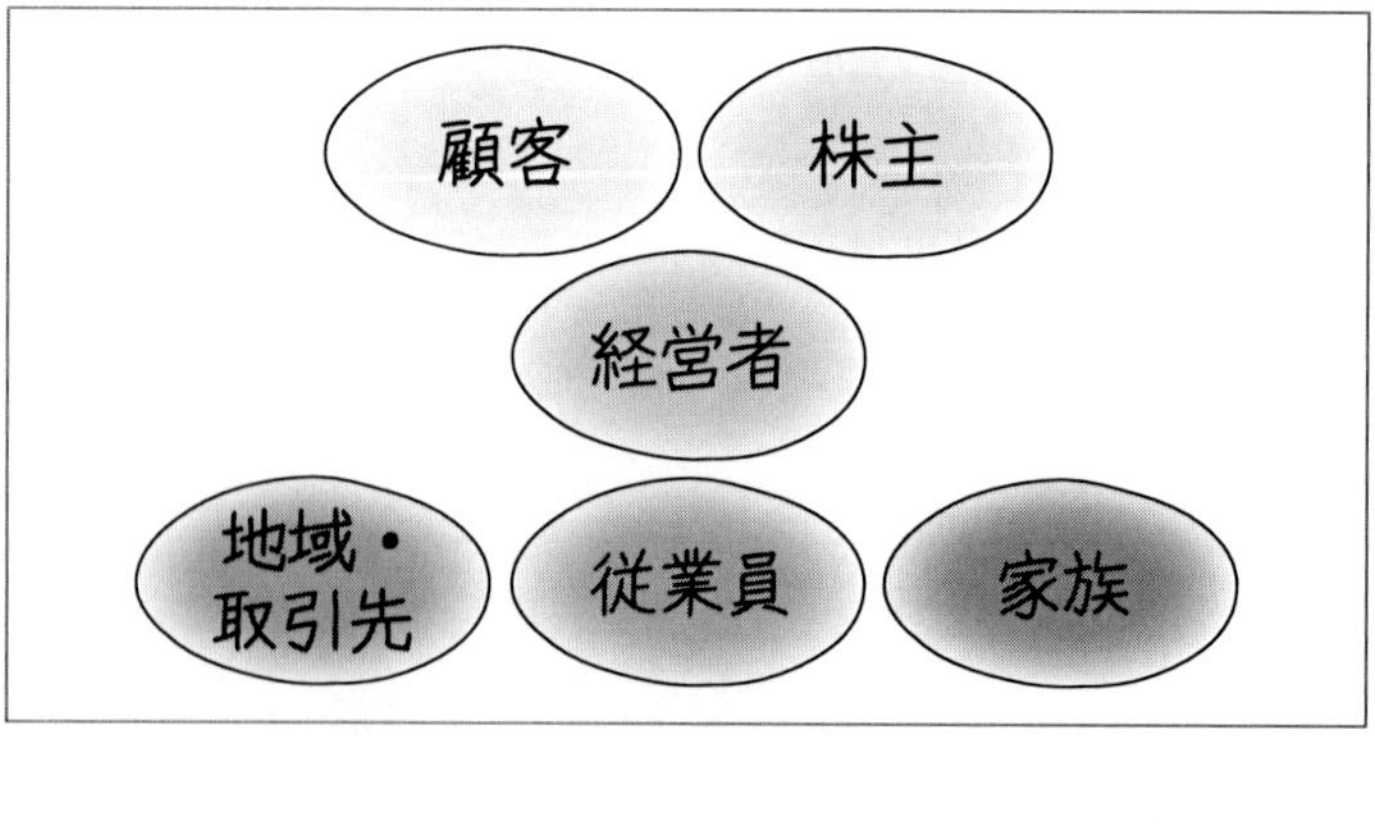

解説

情報セキュリティは6者に価値を提供する

なぜ企業は情報セキュリティを守る必要があるのでしょうか？ 見方を変えると、情報セキュリティをないがしろにすると誰がどのように困るのでしょうか？

企業を取り巻く、6つの登場人物とその影響を考えてみましょう。もし、あなたの勤める企業が重大な情報セキュリティ事故を発生させてしまったら？

顧客

企業への不信感を募らせ、その企業の製品やサービスを利用しなく（できなく）なることが考えられます。また、顧客情報流出事故の場合、顧客が直接の被害者にもなり得ます。

株主

企業への不信感や将来性に不安を持ちます。その企業の株を売却する株主（および買い控える投資家）が増え、株価低下が考えられます。

経営者

自社のブランド価値が低下します。売上低下、株価下落、従業員のモチベーション低下や離職増加など目に見える悪影響が出ます。また、セキュリティ事故への対応コストや対応稼動も発生します。個人情報漏洩インシデント1件あたりの平均対応コストは、1億円を超えるとも言われています。

従業員

その企業で働く誇りやモチベーションが低下します。売上低下と対応コスト増により、給与の抑制増や低下も懸念されます。職場の雰囲気がギスギスし、ストレスによるメンタルヘルス不調者や離職者も増えるでしょう。

家族

従業員の家族への影響も考えられます。家計収入が減ることによる経済的なダメージ、将来不安、お父さん（お母さん、娘、息子など）の働くモチベーションダウンにより雰囲気が暗くなるなど。

地域・取引先

地域に根付いた企業の場合、地域経済の停滞や地域のイメージ悪化、地元の取引先への取引量の減少などの影響が考えられます。

◉情報セキュリティは6者に価値を提供する

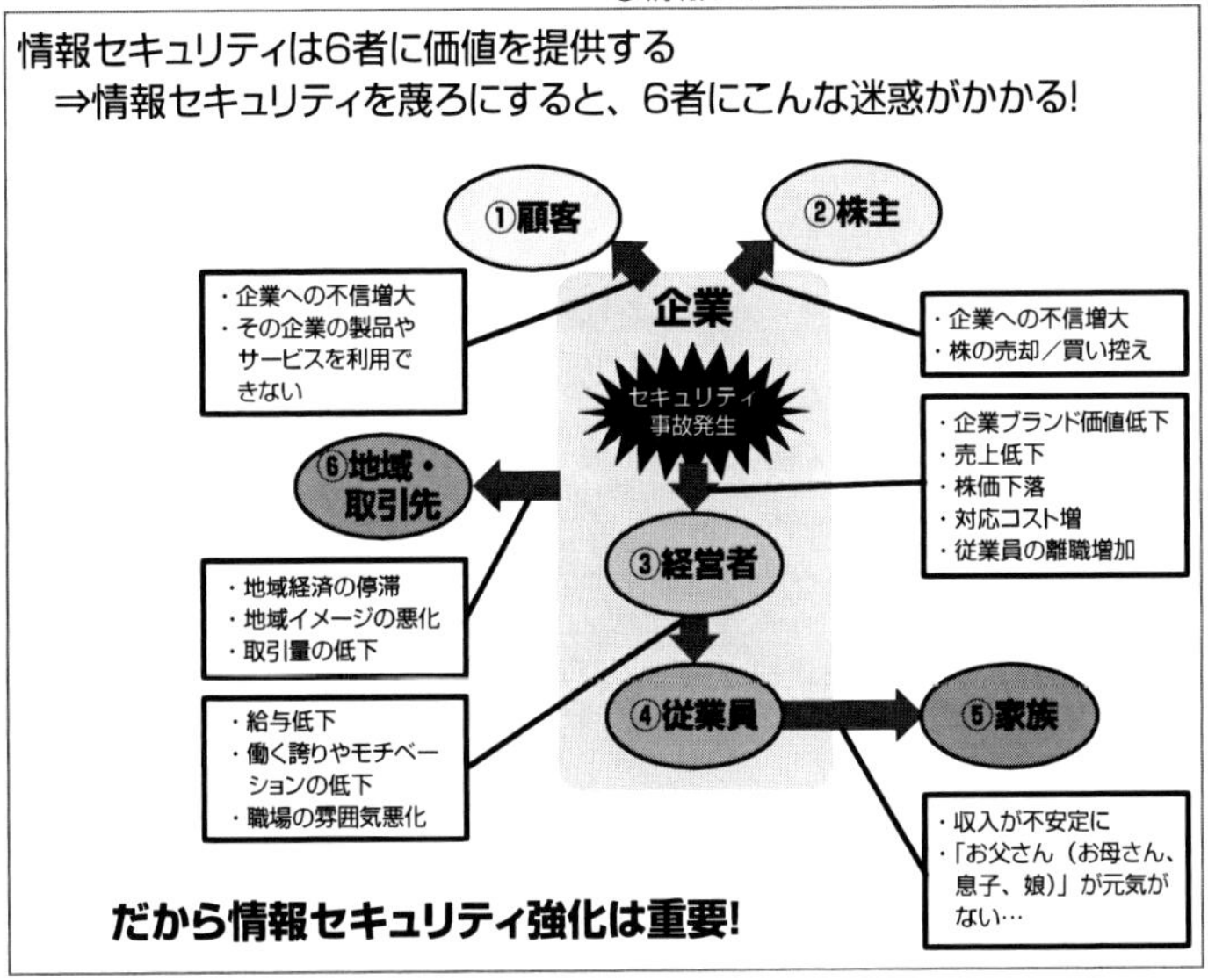

情報セキュリティに完璧はない！

――そうか、情報セキュリティを守るって、思った以上に責任重大なお仕事なのね。

あやねは都田が描いた6者の絵にしみじみと見入った。「家族」の文字を見て、水戸の両親と祖母の顔が浮かんだ。カナヤ製菓の内定を知らせたとき、誰よりも喜んでくれた父と母。旅立ちの日、「いいお仕事をするんだよ」と言って優しく送り出してくれた祖母。大好きな家族をがっかりさせたくない。あやねは小さな拳をぎゅっと握り締めた。

「わかりました。わたし、完璧なセキュリティ対策ができるよう、頑張ります！」

立ち上がって叫ぶあやね。しかし、都田の反応はクールだった。

「ちょっと待って、情報セキュリティに完璧はないよ」

「ええっ⁉」

あやねは肩透かしを食らい、立ちすくんだ。

「情報セキュリティに完璧はない。では我々は何をすべきか？」

都田は腕組みをし、椅子に体重をかけた。

解説

リスクのコントロール

36ページで説明した式を思い出してみましょう。

リスク ＝ 資産が持つ脆弱性 × 脅威の発生する頻度 × 被害の大きさ

リスクは資産が持つ脆弱性（弱点）と脅威（攻撃、事故）が発生する頻度と発生したときの被害の大きさを掛け合わせたものでした。

3つのうち、被害の大きさをゼロにすることはできません。どれだけ周到に準備していても事故が発生した場合、何らかの被害が生じます。保険により被害を転嫁することも可能ですが、代わりに保険料が必要となります。

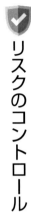

また、脅威が発生する頻度もゼロにはできません。ハッカーによる攻撃はハッカーを刺激することで発生することがあります。たとえば、「当社のセキュリティは完璧です」といった宣伝はハッカーに「じゃぁ、試してみようか」と思わせてしまうことがあります。また、単に日本のWebサイトだというだけで反捕鯨のハッカーに狙われることがあります。ハッカーを刺激しないことで多少は減らすことはできますが、効果は大きくありません。

事故は原因を取り除くことで減少はします。一番安全なことは情報を持たない、サーバーを設置しないことですが、企業が活動をする限りこれは実現困難です。

では脆弱性はどうでしょう。ＰＣにはウイルス対策ソフトをインストールし、毎日パターンファイルを更新する。ＰＣのＯＳやソフトは頻繁にアップデートし、パッチをあてるなどの対策を行うことで脆弱性を大きく減らすことができます。しかし、ウイルス対策ソフトが対応しないウイルスが存在しますし、まだパッチが存在しないソフトウェアの脆弱性も存在します。また、監視カメラを設置する場合もオフィスのあらゆる場所を管理するためには非常に多くのカメラが必要となり、コストは莫大になってしまいます。

スマートフォンを落とさないためにズボンとつなぐためのケーブルも人間が行う限り、装着を忘れてしまったなどのミスやケーブルが劣化してちぎれてしまったといった事故を完全になくすことができません。

このように多くの場合、リスクはゼロにはなりません。また、やみくもにゼロに近づけようとすることは社員に多くの負担をもたらし、ビジネスに多くの制約をもたらすとともに、コストの増大につながります。許された予算や社員の努力の範囲内で「これくらいなら許せるか」というレベルまでリスクを下げ、その状態を維持することが重要です。

●リスクをどう減らす?

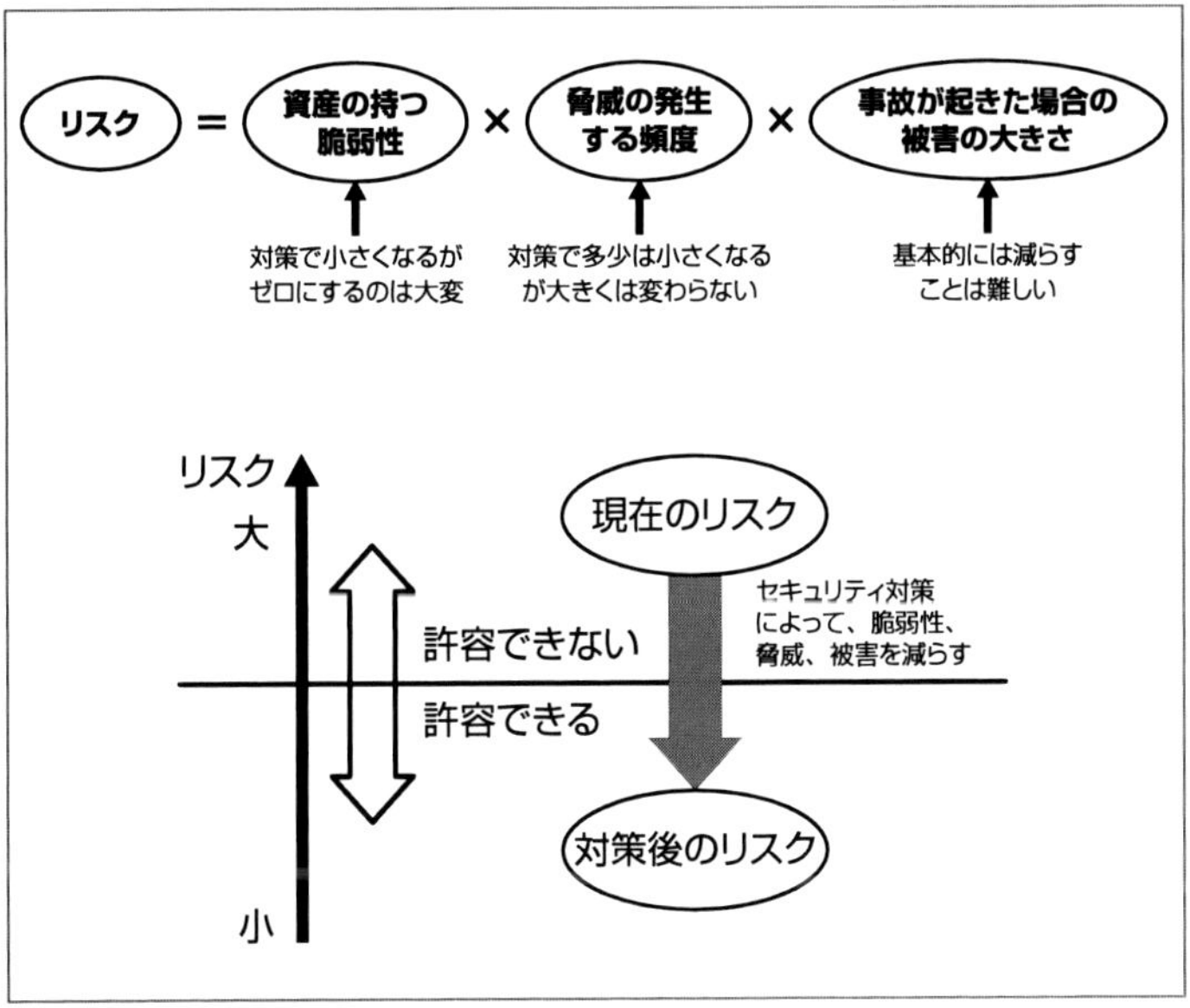
リスク
=
資産の持つ脆弱性
×
脅威の発生する頻度
×
事故が起きた場合の被害の大きさ
対策で小さくなるがゼロにするのは大変
対策で多少は小さくなるが大きくは変わらない
基本的には減らすことは難しい
リスク
大
小
許容できない
許容できる
現在のリスク
セキュリティ対策によって、脆弱性、脅威、被害を減らす
対策後のリスク

システム部門任せじゃダメ！
～オフィス現場で実践すべき3つのこと～

情報セキュリティに完璧はない。だからといって、手をこまねいているわけにはいかない。できる限りの対策をしていかなければ。あやねはノートを開き、ついさっき写した6者の絵を再び目に焼き付けた。

＊＊＊

午後イチ、あやねは部内の定例ミーティングに参加する。

毎週月曜日の午後、営業企画部の全社員が集まって行われる会議だ。都田は、本務のリスク管理部の打ち合わせに出席するとのことで欠席だった。コの字型に机が配置された会議室に、すべての顔ぶれが揃う。会議室の端には、企画書や提案書と思しきホチキス止めされた資料が雑然と積み上げられている。さすが企画部門だ。会議室にも現場感が漂う。あやねはちょっとワクワクした。

まずはじめに部長から、本社からの通達事項や今年度の重点施策の方針などが伝えられる。

一応、周りの人たちと歩調を合わせてメモを取るものの、入社したてのあやねにはほとんど内容が理解できない。

隣を見ると先輩社員の富士康介《ふじこうすけ》が、あくびをかみ殺しながらメモを取るふりをしている。「かったるいな〜」が口癖の彼は、入社3年目。あまり覇気は感じられないが、悪い人ではなさそうだ。あやねとは向かいの席で、配属初日からＰＣの設定やら、プリンターの使い方など、会社の過ごし方を親切に教えてくれている。

部長の長話が終わり、各課長からチームの業務進捗報告や連絡が行われる。河津からあやねが営業企画部の情報セキュリティ委員になった旨が伝えられた。併せて、都田の兼務着任も周知される。

「では菊川さんから一言、情報セキュリティ委員としての意気込みをお話してください」

河津から突然ふられ、戸惑うあやね。とりあえず立ち上がる。

「え、あの…その、営業企画部のセキュリティ対策をがんがんやります！」

ひとまずやる気を見せよう。気合と根性が大事。

ところが周りの反応は冷ややかだった。

「セキュリティ対策？　それって、情報システム部がやっているんじゃないの？」

「そうそう。この前も新しいウイルス対策ソフトを導入したから、各自インストールしなさいって事務連絡来てたよね」

「そういうことは、システム屋さんに任せておけばいいんじゃないの？」

そんなこと言われたって…。あやねは作り笑顔でその場にただ立っていた。

「セキュリティスペシャリストの都田課長にご指導いただきながら、部門として何をすべきかこれから検討していきます」

河津のフォローで、その場はお開きになった。

言われてみればもっともだ。カナヤ製菓は個人商店ではない。れっきとした会社組織だ。情報セキュリティ対策は、情報システム部門がやるべきことではないのか？　ITシロウトで、情報システム部門の人間でもないわたしができること、すべきことなんてあるのだろうか？　いよいよわからなくなってしまった。

極め付けが、富士の一言。

「情報セキュリティ？　なんかがんじがらめな感じがして嫌だなぁ。堅苦しいの、勘弁してよね…」

そうつぶやいて、自席に戻っていった。

＊＊＊

夕方、都田が事務室に帰ってきた。あやねはさっそく相談を持ちかける。2人は再び応接室で向き合った。

「情報セキュリティ対策はシステム部門だけがやればいいものではない。現場の管理者として、オフィスで我々がやらなければならないことがある」

それが何なのか、あやねにはわからない。あやねは真剣な眼差しで都田を見た。

「オフィスですべきセキュリティ対策は、大きく次の3つだ」

📖解説

情報セキュリティ対策におけるオフィスの役割

情報セキュリティを守るのは情報システム部（名前はＩＴ戦略部、経営企画部ＩＴ室などいろいろありますね）の仕事、そう思う方は多いのではないでしょうか。社内組織の役割を見ても、情報システム部の役割の１つに情報セキュリティの確保と書いてある会社は多いのではないかと思います。

しかし、情報セキュリティは情報システム部の活動だけで守ることはできません。情報システム部とオフィス（部門）が協力することで無理がない効果的な対策が実施可能となります。いくつか情報システム部と部門の役割分担の例を見てみましょう。まずはファイルサーバー管理です。

ファイルサーバー管理における情報システム部の役割

情報システム部の代表的な役割として、次のものがあります。

- ハードウェアの購入、点検、修理、監視、ハードディスクの追加
- データのバックアップ
- サーバーソフトウェアのインストール、設定、パッチあて
- 利用者アカウントの作成、追加、削除作業

- 部門別フォルダの作成、容量制限の設定
- 全社ルールの策定
- 社員の教育

ファイルサーバー管理における部門の役割

一方、部門の役割も少なくありません。

- 部門ルールの策定（フォルダ分類、アクセス権の付与など）
- サブフォルダの管理（作成、修正、削除など）
- 利用者アカウントの作成、削除依頼
- 利用者グループの管理（作成、削除、定期的なチェック）
- 利用者グループ内のメンバーの管理（追加、削除、定期的なチェック）
- サブフォルダが正しい使い方がされているかの確認と是正
- アクセス権が適切に付与されているかの確認と是正
- 無駄な使い方のチェックと是正
- 問い合わせ対応

ハードウェアの管理など、情報システム部がやった方がよいこと、情報システム部でしかで

きないことのほか、情報の分類方法、情報の重要性の判断など、部門でしか実施できないこともたくさんあります。

持ち出しPCの管理における情報システム部の役割

次に、持ち出しPCの管理における役割分担を見てみましょう。持ち出しPCの管理における情報システム部の代表的な役割は次の通りです。

- PC持ち出しルールの策定
- 管理簿様式の指定

持ち出しPCの管理における部門の役割

次に部門の役割です。

- 部門内ルールの策定
- 持ち出し時、持ち帰り時のチェック
- 定期的なPCのチェック、紛失時の是正
- 管理簿の定期的なチェック
- 部門内教育

持ち出しＰＣの管理では部門が実施すべきことの方が多くなりました。

情報セキュリティ対策のうち、ハードウェア、ソフトウェアの準備と運用、全社レベルのルールの策定と教育は情報システム部の役割ですが、部門の特性と業務内容に合わせたルールの詳細化、ルールに沿った業務の実施、ルールが守られているかの定期的な確認、利用者からの問い合わせ対応などは各部門で実施することになります。両者の取り組みがうまくかみ合ってこそ情報セキュリティは守られるのです。

3つの情報セキュリティ対策

部門で実施する具体的な対策を考える上では、実施する内容を「事前対策（プロアクティブ）」「事後対応（リアクティブ）」「日常の運用」の3つに分類して考えると、抜け・漏れなく対策を検討することができます。

事前対策（プロアクティブ）

事故の発生を防ぐために事前に実施しておく対策のことです。サーバーの設置、ソフトウェアのインストールと設定、動作確認などがわかりやすいですね。事前対策ではこれら仕組みの用意以外にも、事後対応（リアクティブ）と日常の運用で必要となるルール、マニュアルの用意、教育、周知なども行います。

事後対応（リアクティブ）

事故が発生した後に被害を小さくするために行う活動の

◉対応の分類

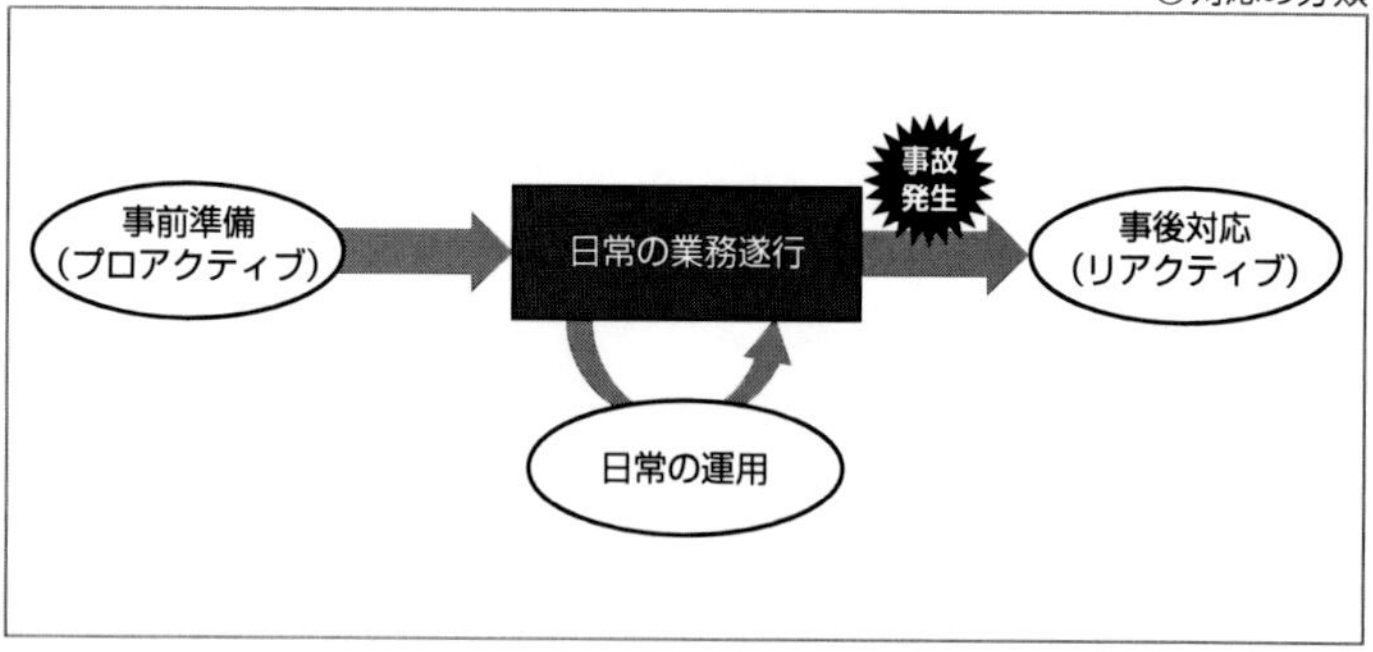

ことです。ウイルスに感染してしまったPCをネットワークから切り離す、壊れてしまった情報をバックアップから戻す、事故が起きたことをすぐに管理者に報告するなどの対応を行います。

多くの場合、事後対応は利用者の気付き(PCがウイルスに感染した、スマートフォンがない)によって始まります。また、事後対応は素早く行うほど被害を小さくすることが可能になるので、準備と利用者への教育が重要になります。また、事故を想定した訓練を行っておくことは、事故を減らす上でも事後対応を適切に行う上でも役に立ちます。

日常の運用

実施した対策が正しく機能しているかを確認する上では日常の運用が欠かせません。利用者を対象とした教育と訓練は事前対策としても大切ですが、定着のためには日常的に繰り返し行うことが重要です。データバックアップ、利用者アカウントの登録と削除、利用者グループおよびそのメンバーの登録と削除、情報のラベリング、不要書類の廃棄など、行うことは多岐にわたります。

先ほどのファイルサーバーの管理を例として、事前対応、事後対応、日常の運用を分類してみましょう(次ページの図を参照)。

◉ファイルサーバーの管理

	情報システム部	オフィス
事前対応（プロアクティブ）	・ウイルス対策ソフトのインストール、設定 ・利用者アカウントの作成 ・部門別フォルダーの作成 ・全社ルールの策定 ・社員の教育、訓練 ・マニュアル、管理簿の作成	・部門ルールの策定（フォルダ分類、アクセス権の付与など）と周知 ・サブフォルダの作成とアクセス権の付与 ・利用者アカウントの作成依頼 ・利用者グループの作成、削除とグループ内のメンバーの作成 ・部門メンバーの教育、訓練
事後対応（リアクティブ）	・ハードウェアの修理 ・情報漏えいの実施者の特定、情報漏洩範囲の特定 ・ウイルス感染時、ネットワークからの切り離し、ウイルスの除去	・事故発見時の情報システム部への報告 ・情報システム部における事後対策への協力
日常の運用	・ハードウェアの点検、監視、ハードディスクの追加 ・データのバックアップ ・ウイルス対策ソフトウェアのパターンファイル更新、パッチあて ・利用者アカウントの追加、削除作業 ・不正アクセス（ログ）の監視 ・ウイルス対策ソフトの監視 ・社員の教育、訓練	・サブフォルダの作成とアクセス権の付与 ・利用者アカウントの追加、削除依頼 ・利用者グループの追加、削除、定期的なチェックとグループ内のメンバーの追加、削除、定期的なチェック ・サブフォルダのアクセス権の確認と是正 ・問い合わせ対応 ・部門メンバーの教育、訓練

情報セキュリティの3つの要素(CIA)

都田のレクチャーを受けたあやね。3つの対策のポイントは理解できた。また、部門のセキュリティ担当者の立場でやるべきこともなんとなく見えてきた。

ただ1つ、どうしても引っかかることがある。

「がんじがらめな感じがして嫌だなぁ。堅苦しいの、勘弁してよね…」

富士のこの一言が頭を離れない。同期の優衣から聞いた、社員満足度調査のスコアも気がかりだ。営業企画部は社内最下位。ここでがんじがらめの情報セキュリティ対策なんてやったら、職場がますます息苦しくなり、メンバーの生産性やモチベーションがさらに下がるのではないか? 何より、あやね自身が堅苦しいのは大嫌いだ。

いったい何を重要視して対策を考えればよいのだろう?

「セキュリティには3つの要素がある」

マーカーを取り出し、板書と解説を始める都田。

「この3つを意識して、業務の利便性を損なわないようなセキュリティ対策を打っていこう。何でもかんでもがんじがらめにすればいいってものではない」

都田は俯いたあやねの顔を、のぞき込むようにして言った。あやねは自分の心を見透かされたようで、ドキっとした。都田は構わず続ける。

「その3つの要素とは、『機密性』『完全性』『可用性』だ。英語の頭文字をとって、『CIA』なんて呼ばれている」

都田は3本の指を立てた。

「シーアイエー？　君津？　火曜？　なんですか、それ!?」

首をかしげるあやね。都田はホワイトボードに3つの円を書いた。

◉情報セキュリティの3つの要素

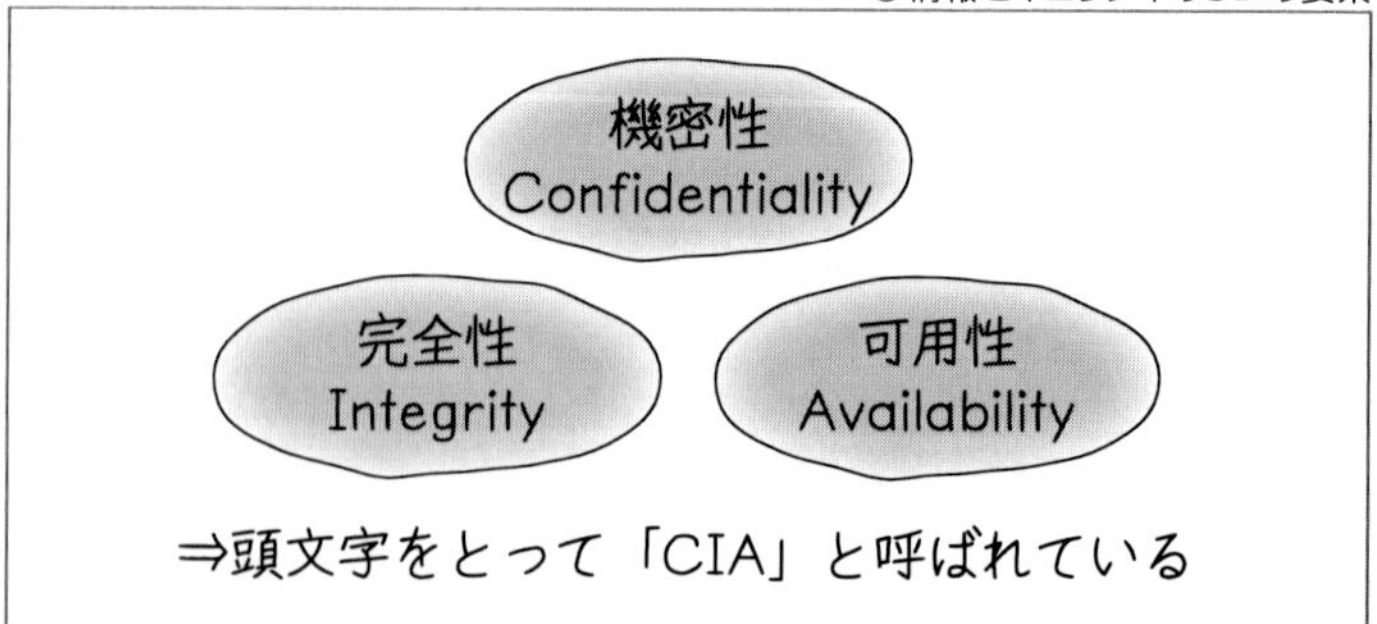

解説

情報セキュリティの3要素CIAとは

情報セキュリティの目的は「情報を安全に守ること」でした。でも、「情報を安全に守る」とは具体的に何をすればいいのかわかりますか?

情報セキュリティの3要素

情報セキュリティとは情報の漏洩を防ぐこと。そう思われる方も多いのではないかと思います。確かに世の中には情報漏洩に関するニュースに溢れており、情報漏洩が重大な事故であることを表しています。

しかし、情報セキュリティの目的はそれだけではありません。

情報を安全に守るということを正しく理解する上で重要なのが情報セキュリティの3要素CIAです。

◉情報のCIAとは

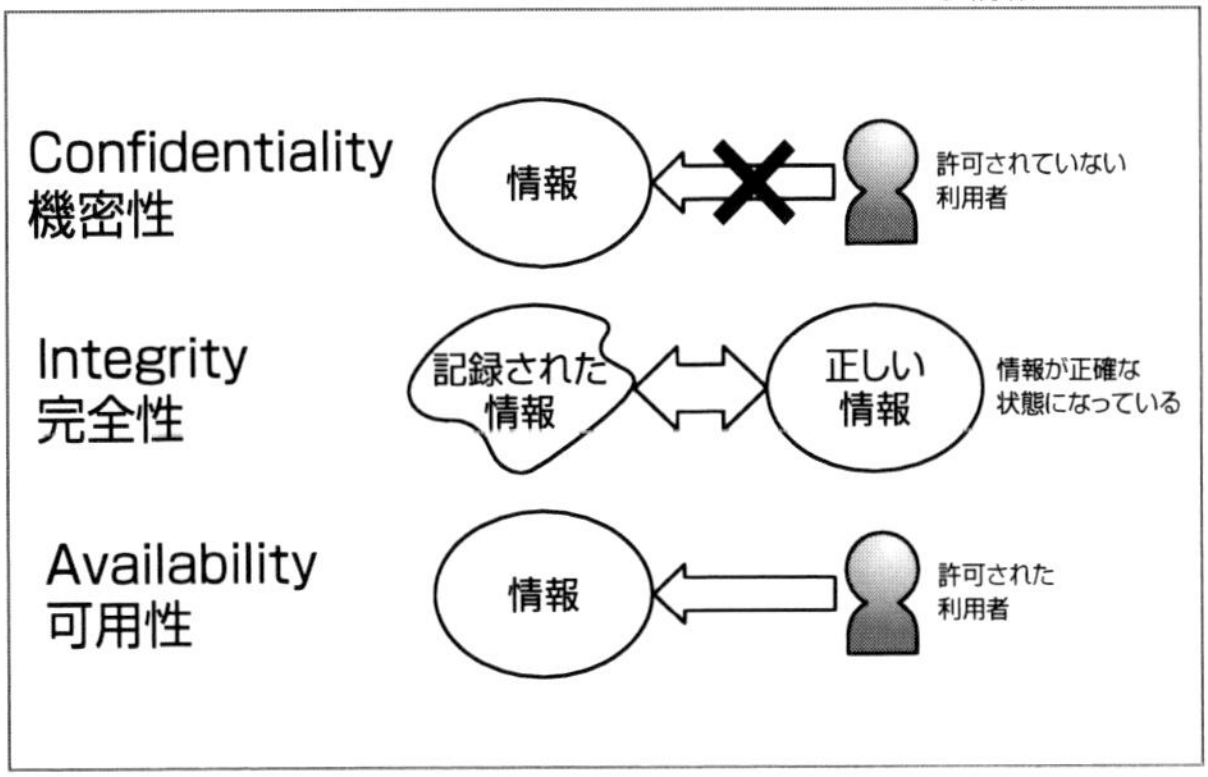

C（Confidentiality：コンフィデンシャリティ）／機密性とは

1つめのConfidentiality、機密性とは、許可された人だけがその情報を見たり、読んだり、修正できるということです。情報を守るといったときに一番イメージしやすいのがこの機密性ではないでしょうか？

機密性が保たれていない状態では、本来社員のみが参照することができる情報が社外に漏れてしまったり、あるタイミング（製品発表、報道発表、製品発売日など）以降に公開すべき情報がその前に広く知られてしまったりします。これにより競争相手が有利になってしまったり、プライバシー情報の漏洩によりお客様、取引先に迷惑をかける可能性があります。

情報の機密性が保たれない原因としてはアクセス制御（サーバーのユーザー認証、ロッカーの施錠）の不備、情報格納機器（PC、スマートフォン、かばん）の紛失、盗難、意図的な情報のリークなどがあります。

I（Integrity：インテグリティ）／完全性とは

2つめのIntegrity、完全性とは、情報が正確で、すべて揃っていることを表します。完全性が損なわる、つまり情報が間違っていたり、一部の情報がなくなってしまうと、銀行の預金が失われる（銀行口座情報）、間違った製法で生産をしてしまう（生産方法）、顧客と必要な連絡ができない（顧客名簿）などの問題が起きます。

情報の完全性が保たれない原因としては、本来アクセス権を持たない利用者による情報の改ざん、破壊、アクセス権を持つ利用者による不正な情報の改ざん、破壊、また情報を適切に更新しないことによる情報の陳腐化などがあります。

A(Availability:アベイラビリティ)/可用性とは

3つめのAvailability、可用性とは、情報が必要になったときに常に利用できる状態のことを表します。情報の可用性が失われると、業務が進められなくなります(業務マニュアル、各種管理簿、情報システムが利用できない)。

情報の可用性が保たれない原因としては、機器の故障、誤ったファイルの削除・移動、ロッカーを施錠した鍵の紛失、不適切なアクセスコントロール(本来アクセスできる利用者にアクセス権がない)などがあります。

CIAはバランスが大切

〝情報を安全に守る〟とは、「情報のCIA(機密性、完全性、可用性)の求められるレベルを維持すること」と考えればよいでしょう。情報セキュリティ対策とは情報のCIAを脅かす要因を減らしていく活動ということができます。

ただ、これら3つの要素がお互いに反する、両立が難しい要素であることも理解する必要があります。たとえば、顧客名簿を例に考えてみましょう。

顧客名簿のC（機密性）を確保するためには、がんじがらめに管理をすることが有効です。コピーや複製は許さず、原本の1冊だけを金庫の中に保管し、そのカギは社長と副社長の2名が持ち、2人が揃わないと使えないようにするといった管理方法が考えられます。

しかし、このような管理をした場合、A（可用性）はどうなるでしょうか？　お客様から問い合わせがあっても副社長が席をはずしているために名簿を見ることができないことは多そうですし、2人が揃っていても、顧客名簿を見るための長い行列ができていて、名簿にたどり着くまでに1時間がかかるなんてこともありそうです。つまり、A（可用性）が大きく損なわれているといっていいでしょう。

では、A（可用性）を確保するためにはどういう管理方法があるでしょうか？　顧客名簿には素早くアクセスできることが必要ですから、社員全員分の複製を作って席に配布し、さらに離席中にも確認できるように休憩所、廊下などにも設置しておくことが考えられます。これならいつ・どこにいても必要なときに顧客名簿にアクセスすることができます。A（可用性）は高い状態で確保しているということができるでしょう。

さて、ここまで読まれればおわかりですよね。これはC（機密性）が大きく損なわれている状態です。社員の誰かが出来心を起こせば簡単に外部に持ち出し、転売することができてしまいますし、休憩所に来たお客様、取引先の人が見てしまうことも簡単です。

どうやってC（機密性）とA（可用性）を両立させるか、業務が滞ることなく、情報の漏洩を防ぐか、これを考えることができるのは情報の重要さと、業務を深く理解したオフィスのメンバーにしかできないことです。たとえば、顧客名簿は部署ごとに複製し、各部署で鍵がかかるロッカーに保管し、ロッカーのカギは部門長および部門の管理職数名が保持するといったことが考えられます。

情報セキュリティというとがんじがめ、堅苦しいというイメージを持たれる方がいらっしゃるかもしれませんが、ただがんじがらめなだけでは情報セキュリティは守れません。大切なものはしっかり守りつつ、日常的な業務がスムーズに進むための方法を考えるという、全社的な視点とオフィスのメンバーとしての視点を持つバランス感覚が大切です。

◉機密性と可能性の両立は難しい

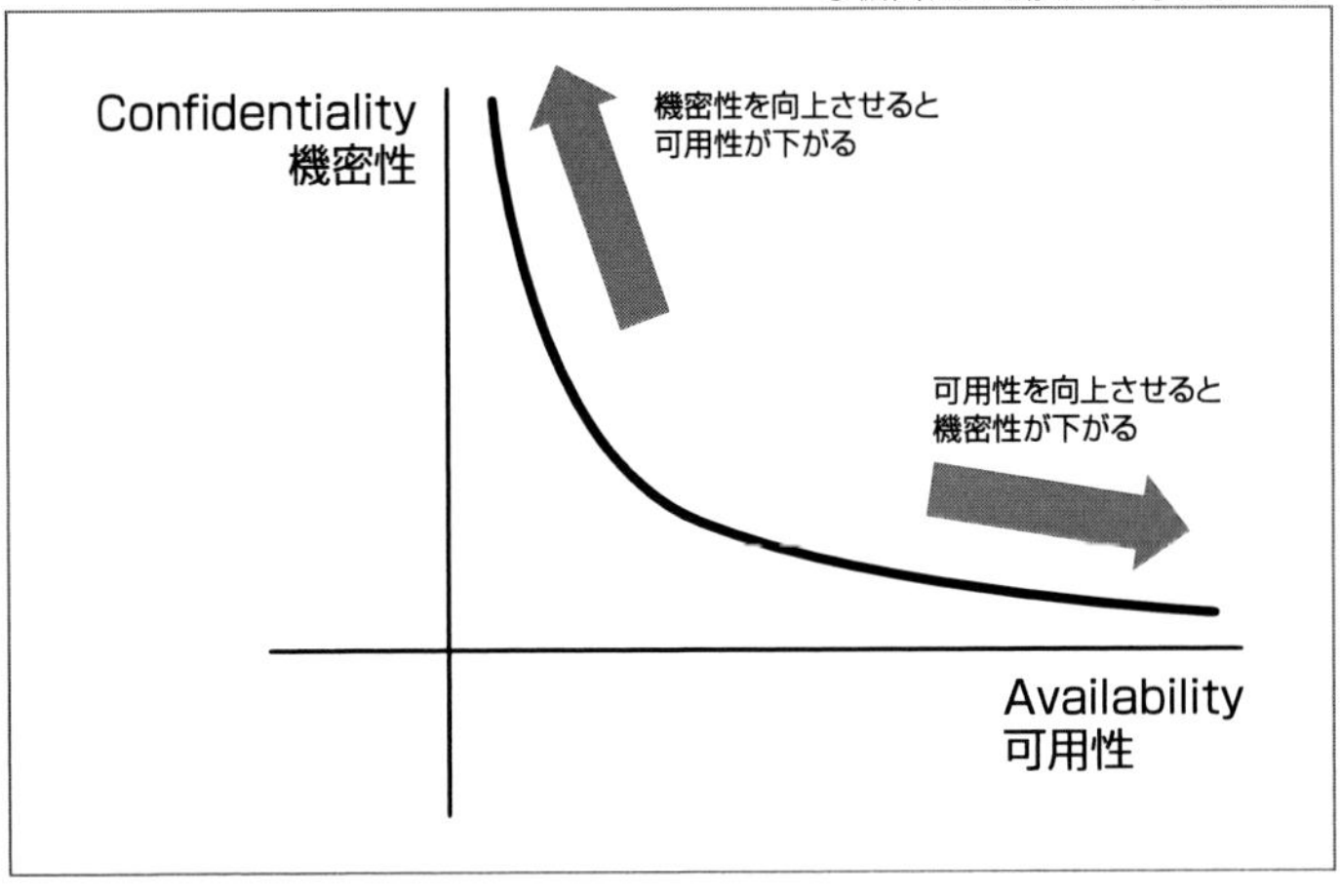
Confidentiality
機密性
機密性を向上させると
可用性が下がる
可用性を向上させると
機密性が下がる
Availability
可用性

電子データの管理方法を見直す

オフィスのセキュリティ担当者としてすべきことは認識した。セキュリティのＣＩＡも理解した。では具体的にどんなセキュリティ対策を実施しようか？

あやねは都田と相談し、手始めに営業企画部の電子データの管理方法を見直すこととした。

営業企画部には、新製品の企画提案書のデータや、プロモーション戦略の資料、企画費や販売促進費の予算情報、モニターのお客さんの個人情報など重要情報がたくさんある。しかし、それらがきれいに保管・管理されているとは言い難い。多くのデータが、各自のＰＣのデスクトップ上に保管されている。そういえば先週も、あやねが富士に業務説明をお願いしたところ「ああ、説明資料は確か磐田《いわた》さんのＰＣの中にあるんだよな。磐田さん今日お休みだから取り出せないな。明日にしよう」なんて言われたばかりだ。これでは可用性にも問題があるし、磐田さんのＰＣが壊れてしまったらデータそのものがなくなってしまう。すなわち破壊や消失の脅威がある状態だ。

都田から教わった知識を思い起こし、改善の意義を確認する。あやねはちょっと賢くなった気がして、にんまりした。

あやねは次の3つを行うこととした。

①データは、ファイルサーバーの共有フォルダに保存することとする（各自のPC上の保存を禁止）

②重要データを格納したフォルダにアクセス権を設定する

③重要データを含むファイルにパスワードを設定することとする

①は可用性を、②③は機密性と完全性を高めるための取り組みだ。

都田の手ほどきを受けながら、共有フォルダの構成や階層を決め、重要データの基準、アクセス権設定の考え方などを整理した。部内のメンバーにしっかり説明して、徹底してもらわないと。

◉あやねが行った営業企画部の電子データの管理

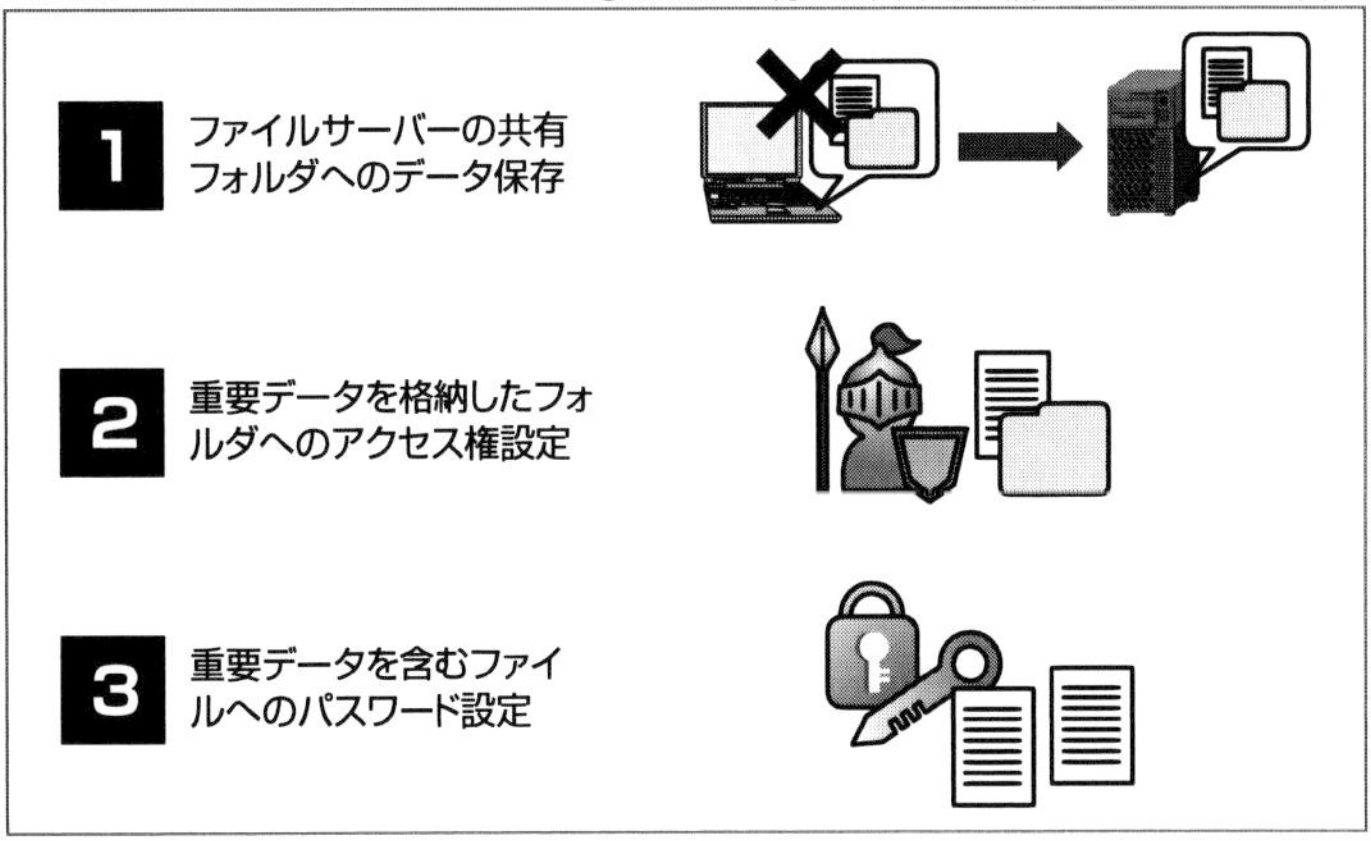
1
ファイルサーバーの共有フォルダへのデータ保存
2
重要データを格納したフォルダへのアクセス権設定
3
重要データを含むファイルへのパスワード設定

ふと、壁にかかったカレンダーを見る。あと2週間もすればゴールデンウイークだ。ちょうどいいタイミング。あやねは、連休前の最終出社日までに各自のＰＣ上にあるデータを共有フォルダに移動させるよう部内に周知した。

第2章

端末やデバイスとの付き合い方

PCを管理しよう

共有フォルダへのデータ移行は思いの外、早く進んだ。皆、まじめに取り組んでくれたおかげで連休が始まる3日前には完了。これで心おきなくゴールデンウィークを過ごせそうだ。あやねはホッと胸をなでおろす。

「かったるいなぁ」なんてぼやいていた富士も、いち早く移行を完了させていた。「面倒くさいからとっとと済ませた」なんて毒づいていたけれど。

「おかげで、ファイルを探しやすくなったわ。整理整頓って大事よね。あやねちゃん、ありがとう！」

主任の磐田から喜びの言葉をかけてもらった。自分の仕事が感謝されるって、素直にうれしい。

――そうか、これって整理整頓なんだ。データを整理整頓するって、セキュリティを高めつつ業務効率をアップさせる効果もあるのね。

几帳面とは程遠い性格のあやねだが、効果を実感してさまざまなセキュリティ対策に取り組んでみたくなった。

――わたし、もっともっと頑張ろう！　職場にたくさんの「ありがとう」が生まれるように。

連休前の最終日の夜。あやねは実家に帰る高速バスに揺られながら、窓辺を流れる夜景に小さく誓った。

＊＊＊

ゴールデンウイークが明けた。職場は旅行先や帰省先で買ってきた土産物のお菓子で溢れる。情報セキュリティ管理も大事だが、食べ過ぎて太らないようにする管理もしなくちゃ。あやねは、そう思いつつ誰ぞのお土産のもみじ饅頭をほお張った。とりあえず食べてから悩むことにする。

お土産が賑やかな割に、相変わらずフロアはシーンとしている。皆、真面目なのか、やはりコミュニケーションの悪い職場なのか。

「富士さんは、どこか行かれたんですか？」

お茶をすすりながら、お向かいの先輩に尋ねてみる。

「いや。実家でゲーム三昧」

「あはは…。それはそれは…」

返す言葉に窮するあやね。低いパーティション越しに望む富士の表情は、いつも以上にぼんやりしている。ふと周りを見渡すと、皆どことなくテンションが低い。

——そりゃあ、大型連休明けだものね。エンジンかからないよね。

こういうときこそ、気の緩みによってセキュリティ事故が起こりやすいらしい。あやねは連休中に実家で読んだセキュリティの本の一節を思い出した。気を引き締めなくては。

データの整理整頓はできた。次はどんな対策をしよう？

そういえば、連休前に品質保証部でコンピュータウイルス感染の騒ぎがあったとのこと。今朝、同期から聞いた。ある社員がフリーソフトをダウンロードして使った。そのフリーソフトにウイルスが仕込まれていて、ＰＣに感染したらしい。怪しいインターネットサイトを見てウイルス感染したり、勝手にソフトをダウンロードできないようにするような管理が必要かもしれない。

それと気になるのが、居室の端っこにある共用のデスクトップＰＣだ。古い端末が2台並んでいるのだが、まれにしか使われていない様子だ。きっとセキュリティパッチもまともにあたっていないのだろうな。そもそも、この共用端末って何のためにあるんだろう？

「あぁ、あれね。販促用のポップやポスターなんかを作るときに使うためのＰＣだよ。確か、グラフィック系のソフトが入っているんじゃなかったかな。俺そういうの詳しくないからよくわからんけど」

富士はぶっきらぼうに答えた。

「あまり使われていないようですけれど…」

「確かに、いまは販促物の制作はほとんど外注しちゃっているからな。なんでそんなこと知りたいの？　おキクさん」

そこでようやく富士は顔を上げて、あやねと目を合わせた。

「おキクさんって呼ぶのやめてください！　ええと、そうそう。ほとんど使われていないＰＣのセキュリティの管理っていままで誰がやっていたのかなって思って…」

あやねは軽く抗議し、すぐ気を取り直して質問した。

「ああ。誰もしていないんじゃない。ほったらかしだったと思うぜ。そもそも、情シス（情報システム部）が管理しているマシンでもないしな」

カナヤ製菓の社員に配布されているＰＣやプリンターなど、すべての情報機器は情報システム部が一括で購入して管理している。初期設定やネットワークの設定、故障時の修理などの対応ももちろん情報システム部が行う。新入社員研修でもそう教わった。なのにだ。情報システム部が管理していないＰＣがあるってどういうことだろう？　そんなことがあっていいのだろうか？

「費用対効果がどうのこうのとか言われて、情シスが買ってくれなかったのよ。だから、ウチの予算でこっそり買っちゃったってわけ。あ、これ情シスには内緒ね！」

右隣の磐田が話に加わり、あっけらかんと補足した。

「情シスが絡むと面倒くさいからな。注意したほうがいいよ、おキクさん」

富士がやんわり忠告する。やはり「おキクさん」は勘弁してほしい。

――情報システム部で内緒に買ったＰＣ…それってセキュリティ面で問題ないのかしら⁉

ＰＣの管理。いろいろと課題がありそうだわ。後で都田さんに相談してみよう。

解説

PC管理のポイント

PCはオフィス文書、業務システム利用などデジタル情報を扱う上でなくてはならないものです。多くの企業では情報システム部が一括してPCを調達し、必要なソフトのインストール、初期設定などを済ませた上で社員に配布されるでしょう。しかし、オフィス、社員が実施しなくてはならないこともありますし、今回のように独自に購入したものではすべての対策を自分たちでやらなくてはいけません。ここではPC管理のポイントを説明します。

PCに関しての脅威のおさらい

PCの管理方法を決める上で、PCに関してどのような脅威があるかをおさらいしておきましょう。

不正ソフト

ウイルス(マルウェア)に感染してしまうことです。これにより情報漏洩、踏み台、不正利用によるさらなる攻撃など多くの脅威につながります。これを防ぐためにウイルス対策ソフトをインストールし、パターンファイルを最新化する、OSやアプリケーションの最新化(パッチをあてる)などを行います。

故障

自然故障、落下、水濡れなどによりPCが故障すると業務が停止する、重要な情報が紛失するなどの問題が発生します。これを防ぐために、故障時の連絡先を確認しておく、情報のバックアップを定期的に取得するなどの対策を行います。

自然災害

地震などによりPCが倒れ、利用者がけがをする、PCの故障により業務が停止する、情報が紛失するなどの事故が考えられます。これを防ぐためにPCを机に固定するなどの対策を行います。

不正利用

PCにゲームがインストールされて、業務時間内の遊びに利用される、インターネットの不適切なサイト(アダルト、麻薬、ギャンブル、犯罪情報)の閲覧に利用される、掲示板やSNSでの不適切な投稿により、外部から非難を受ける、損害賠償を請求されるなどの事故が発生します。これを防ぐために、Webフィルターソフトのインストール、アプリケーションのインストールを禁止する、インターネットアクセス時にユーザー認証を行うことで牽制効果を狙うなどの方法があります。

なりすまし

ＰＣの利用者が適切に管理されていない（ゲストアカウントなど）と、何か問題が発生した場合、情報漏洩、外部への不正なアクセスなど、その真相究明が難しくなります。ユーザー認証を確実に行います。

盗難、紛失

ＰＣの盗難は業務の停止、情報漏洩などにつながります。特に持ち出しが容易なノートＰＣは机にワイヤーでロックするなどの対策を行います。また、万が一、盗難された場合も情報漏洩を防ぐためにユーザー認証の実施、ハードディスクの暗号化などを行います。

ＰＣ管理のポイント

それでは具体的なＰＣの設定方法に関して「ブラウザの設定」「ウイルス対策ソフト」「ＯＳ、アプリの最新化」「構成管理」の４つを説明しましょう。

ブラウザの設定

ブラウザの設定では、次の点を確認します。

●JavaおよびFlash Playerの禁止

標的型攻撃、水飲み場攻撃などはソフトウェアの脆弱性を利用して感染を行いますが、その中でも最もよく狙われるのがJava（ＰＣ内でJavaを利用するためのソフトウェアであるJava Runtime Environmentの頭文字をとってＪＲＥと呼ぶこともあります）およびFlash Playerです。

業務を行う上で必要がなければ、これらの利用を禁止しましょう。利用が必要な場合は一部の共用ＰＣでのみ利用を許可する、ソフトウェアのアップデート、パッチあてを頻繁に行うように設定します。

●その他の設定

これ以外にもActiveXの禁止（Internet Explorerの場合）、ポップアップの禁止、ＤＮＴ（トラッキング拒否）の有効化、入力したパスワードの自動保存の禁止などを行います。

ウイルス対策ソフト

ウイルスが強力に進化したことで、以前ほどの効果は期待できなくなってきていますが、ウイルス対策ソフトはＰＣのセキュリティを確保する上で引き続き重要なものです。確実にインストールするとともに、パターンファイルが常に最新になるようにアップデートを行います。

設定が可能な場合は毎日パターンファイルの確認を行うように設定します。

OS、アプリケーションの最新化

最近、脅威を増している水飲み場攻撃、標的型攻撃を防ぐ上で効果的なものが、OSやアプリケーションを最新にしておくことです。これらの攻撃はソフトウェアの脆弱性を利用して感染を試みますが、OS、アプリケーションを最新にすることで存在が確認されている脆弱性を確実になくすことができます。

企業によってセキュリティパッチをあてるポリシーは異なっていますが、可能な限り早期、頻繁にパッチをあてることでこれらの攻撃を防ぐことができるでしょう。頻繁にアップデートの有無を確認するようにOS、アプリケーションの設定を行います。

構成管理

これらのセキュリティ対策を行う上で、PCの状態を管理しておくことが大切です。うちの部署にPCが何台あったんだっけ、という状態では対策が完了したかどうかもわからないですよね。自分たちが管理すべきPCがどれだけあり、どのソフトウェアがインストールされており、どういった状態であるかを常に把握しておくことはセキュリティ対策の基本となります。これを「構成管理」と呼びます。

PCの構成管理では次のような情報を記録し、定期的に更新、確認するようにします。

- ●PCに関する情報
- ●利用者の情報
- ●OSの情報
- ●アプリケーションの情報
- ●セキュリティ対策ソフトの情報
- ●セキュリティ対策の実施状況

◉パソコンのセキュリティ対策の基本となる構成管理

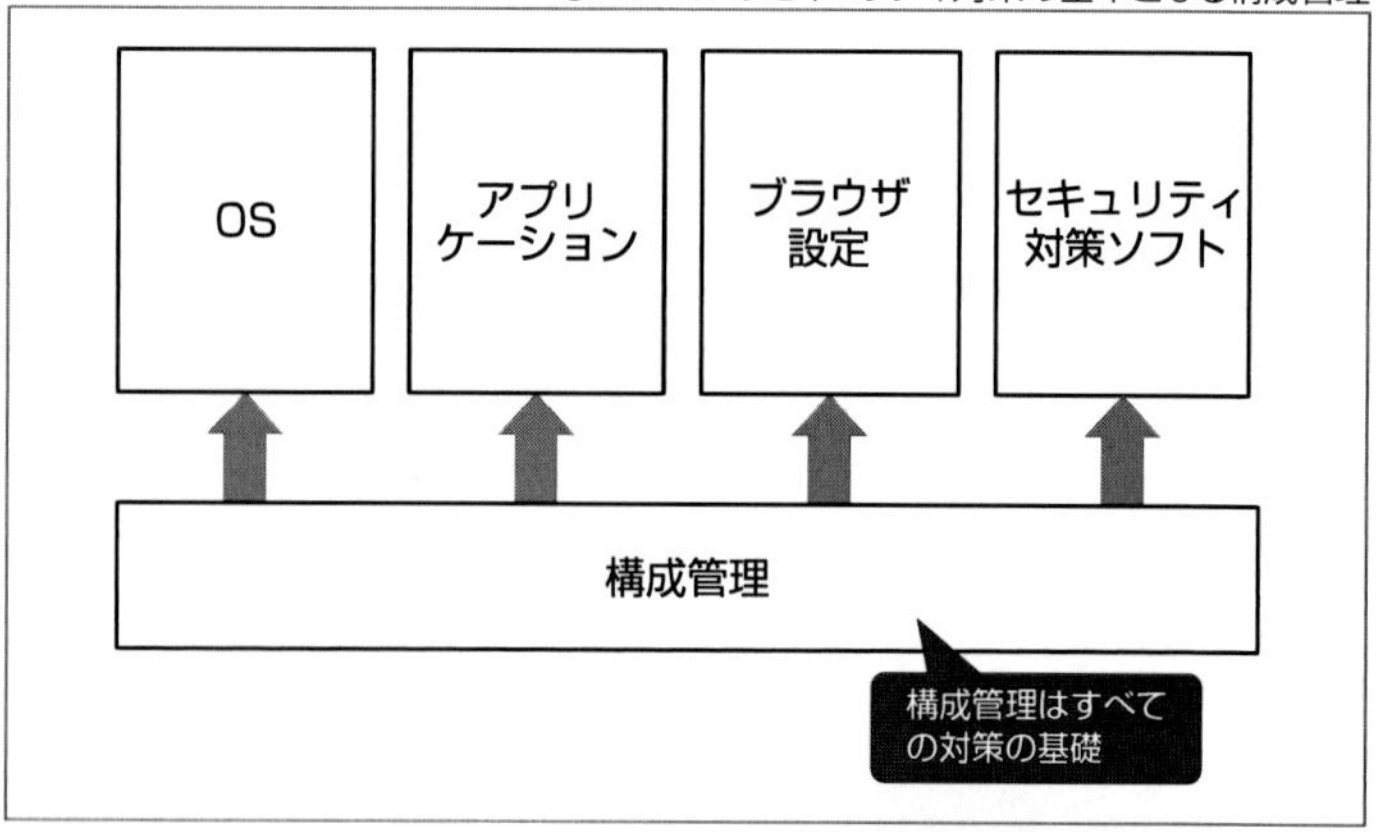

ＰＣにセキュリティパッチをあててもらう工夫

あやねは早速、行動した。具体的には、次の４つを行った。

(1)部門内のブラウザ設定のルールを決め、全員に設定変更させた
(2)不要なソフトをＰＣにインストールできないようにした
(3)構成管理簿を作成し、営業企画部内のすべてのＰＣについて次の情報を棚卸しした
①端末の情報（機種名、型番、シリアル番号）
②ＯＳ名称とサービスパック情報
③ソフトウェアの名称とバージョン情報
④セキュリティ対策ソフト名称とバージョン情報（ウイルスチェックパターンナンバー）
⑤セキュリティパッチの最終更新日
(4)構成管理簿の更新ルールを決め、月次で管理簿をアップデートすることにした
↓情報セキュリティ委員のあやねが毎月20日に各自のＰＣを確認する

構成情報を棚卸ししていて、あやねはあることに気付いた。ＰＣにセキュリティパッチをあ

てていない人が多すぎる！

「これは由々しき状況だ。セキュリティパッチの適用されていない端末はウイルス感染しやすくなるし、サイバー攻撃の対象にもなりやすい。なんとかしなければ…」

都田は声を荒げた。

セキュリティパッチのファイルは毎週水曜日の昼休み明け、13時過ぎに情報システム部から一斉に配信される。皆が確実に自分の端末をアップデートしてくれればよいのだが、周りを見ていると面倒くさがって放置する人が多い。

「アップデートかけている間、ＰＣの動作が遅くなるから嫌なんだよな」とは富士の弁。確かに仕事の支障になるのは否めない。仕事の生産性を下げずに、全員が確実にセキュリティパッチをあてるようにする良い方法はないだろうか？　あやねは腕を組んでしばらく考え込んだ。

「そうだ、体操の時間を活用したらどうだろう？」

カナヤ製菓では毎日15時ちょうどに社内体操の放送が流れる。借りビルである営業企画部のフロアもしかり。聞くところによると、社員のリフレッシュを促す目的で10年前くらいから始まったらしい。しかし、少なくとも営業企画部では誰ひとりとしてやっている姿を見たことがない。軽快な音楽とお姉さんの掛け声だけがスピーカから空しく鳴り響く。この時間を活用できないものか？

決めた。毎週水曜日はだけは、全員がかならず体操をする。その時間でセキュリティパッチをあてもらうようにしよう。ただし、体操の時間はわずか5分。その時間だけではアップデートは終わらない。そこで、その後の30分を部内共通の「コミュニケーションタイム」とし各チームでの情報共有や報告・連絡・相談を行う時間とした。

――みんな、きちんと取り組んでくれるかしら？

期待半分、不安半分。最初の水曜日を迎えた。

＊＊＊

結果は上々だった。

あやねの熱心な声がけの甲斐もあり、先輩社員たちは皆、恥ずかしがりながらも「しゃあない、やるか？」と立ち上がり一斉に体操を始めた。

「宣伝チームの三島課長って、意外と肩の動きがイイよね！」

「やば、俺カラダ硬すぎる…」

いつの間にか、そんな会話が交わされている。

続くコミュニケーションタイムでは、ＰＣが使えないことが功を奏してかチーム内での対話が生まれるようになった。

「たまにはカラダを動かすのもいいもんだな。グッジョブ、キクちゃん！」

富士がすれ違いざまに言った。お堅いセキュリティもやり方次第では職場の活性化の役に立つ。それと、やっとあやねは「おキクさん」ではなくなったようだ。よかった、よかった。

「なかなかうまいやり方を考えたね。あっぱれ！」

続いて都田が褒める。

「ところで都田さんの動きも相当硬かったですよ。ちゃんとストレッチしないとダメです！」

「あ、見られてた？　これでも学生時代は体操部だったんだけどな」

2人は顔を見合わせて微笑んだ。

モバイルPCやスマートフォンのリスク

「大阪に行ってきます。戻りは明後日です」

「CMの撮影の立会いで、明日から札幌入りです」

営業企画部の社員は出張や外出が多い。出張者にはモバイルPCが貸与されている。移動中や外出先でも仕事ができて便利な反面、セキュリティリスクも伴う。モバイルPC特有のセキュリティ対策も考えなければならない。先週、宣伝チームの同期がモバイルPCが入ったかばんを電車の網棚に忘れて大騒ぎになった。幸い、駅員さんが見つけてくれて事なきを得たが、一歩間違えば機密情報の流出につながる。

また、最近は出張の多い社員にスマートフォンが支給されるようになった。どんなリスクがあるのだろうか？

「モバイルデバイスにはどんなセキュリティリスクがあるのでしょうか？　そして、どんな対策をしたらいいのでしょう？」

あやねはストレートに聞いた。

ノートPC、スマートフォンの対策

どこにでも持っていくことができるノートPCやスマートフォンなどのモバイルデバイス。自宅、外出先、客先など、場所を問わず仕事ができる、とても便利な存在です。しかし、便利さの反面、脅威もたくさんあります。どのような脅威があり、どういった対策が必要かを見てみましょう。

モバイルデバイスに関する脅威

モバイルデバイスに関する脅威は次のものがあります。

紛失、盗難

モバイルデバイスの最大の脅威が紛失や盗難です。外に持ち出す機会が多いほど、ミスによる紛失や盗難にあう機会が多くなります。手元に戻らない場合、まず企業の資産が紛失することになります。また、紛失や盗難にあってしまったモバイルデバイスは情報漏洩、不正利用など

◉モバイルデバイスの脅威

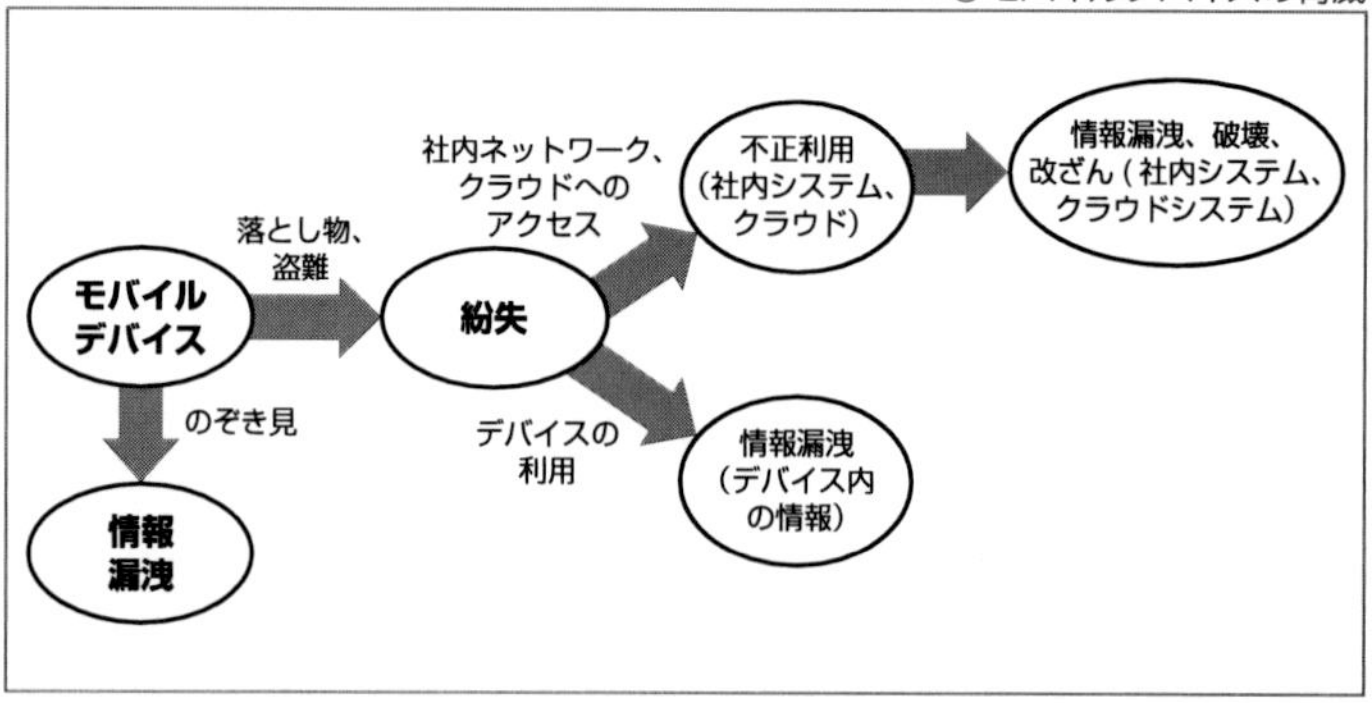

により被害が拡大しやすいため、それを防ぐための対策が重要です。

不正利用

モバイルデバイスを不正に利用されることで、通話により大量の通信料を請求される、ICカード機能を悪用されることでチャージしてあった金銭を利用される、オンラインでのショッピングなどによりクレジットカードに請求を受けるなどの被害が発生します。

また、モバイルデバイスに社内システムに接続して利用する機能があった場合、社内システムの不正利用により、さらに被害が大きくなります。

スマートフォンはクラウドサービス(Evernote、DropBox、OneDriveなど)を利用する場合が多く、スマートフォンが操作できる状態では、追加での認証を行うことなくクラウドサービスが利用できます。スマートフォンを不正に利用されると大きな確率でクラウドサービスも不正に利用されてしまうので、この対策も重要です。

情報漏洩

不正利用と同じく情報漏洩も大きな脅威となります。

客先に持ち出すノートPCにはお客様に関する情報が格納されていることがあります(顧客情報、顧客のシステム情報、建物の配置図など)。これを紛失、情報漏洩した場合、お客様に迷惑をかけると同時に信頼を失うことになりかねません。

また、スマートフォンには同僚、取引先、お客様の名前、電話番号、メールアドレスなどの個人情報とメールやSNS、メッセンジャーアプリ（LINE、Facebookメッセンジャーなど）によるやり取りなど、多くの情報が格納されているでしょう。

さらに社内システムへのリモートアクセス、クラウドサービスの利用を行っている場合はそれらのサービス内にある多くの情報の漏洩の危険性があることに注意しましょう。

のぞき見

社外で利用することが多いモバイルデバイスではのぞき見にも注意する必要があります。たまたま画面に機密情報が表示されている場合も注意が必要ですが、一番気を付けなくてはいけないのはログインのためのパスワードをのぞき見されてしまうことです。

のぞき見によりパスワードを知られてしまってからデバイスを盗まれてしまうと、デバイスやシステムの不正利用や情報漏洩につながってしまいます。

脅威への対策

このような脅威に対して、４つの対策を実施します。

紛失、盗難を防止するために

まずは大元の脅威である紛失、盗難を防ぐための対策が必要です。ある調査によるとノートPCの紛失で最も多い理由は電車の網棚への置き忘れとなっていました。ノートPCを持ち歩く場合は常に手元に置くというルールを定めましょう。

また、スマートフォンも置き忘れや落としてしまう危険があります。可能であれば落下防止用のケーブルやストラップで常時、衣類につなぎ、それができない場合はかばんなどにケーブルでつなぐようにします。

紛失、盗難にあった場合に素早く気付くことができれば取り戻すことが容易になります。盗難防止アラームの子機をモバイルデバイスに付け、親機を別に保管しておけば、モバイルデバイスが手元から離れたことを発見することができます。ただ、あまりに大きな音を出す機種では誤動作により周りに迷惑をかけることを恐れて利用をやめてしまうことがあるので、注意が必要です。

素早く取り戻すために

紛失、盗難にあってしまった場合に備えて、素早く取り戻すための準備をしておきましょう。スマートフォンにはそのためのデバイス管理機能が標準的に用意されています。iPhoneには「iPhoneを探す」という機能があり、AndroidスマートフォンにはAndroid Device

Manager」があります。いずれにもGPSにより現在の場所を検索する、デバイスから大きな音を出しデバイスを探しやすくする、デバイスをロックして拾った人が利用できなくする、デバイスを完全に消去するなどの機能が用意されています。また、携帯電話会社によっては独自の機能を用意している場合もあるので、それを使っても構いません。

ここで2点注意が必要です。1つは事前に設定をしておくことです。機種と利用する機能によっては事前に設定が必要な場合があります。利用開始時に設定をしておきましょう。

もう1つは練習をしておくことです。

実際に紛失してしまった場合は、被害を減らすためにも一刻も早い操作が必要です。しかし、盗難、紛失にあってしまった場合は慌てていて初めての操作を正しく行うのは難しいでしょうし、URLやIDなど、操作に必要な情報が見つからないということもあります。一度は練習をしておきましょう。

多くの機種、サービスでは盗難、紛失時の操作はPCのWebブラウザから行います。そのため、「ページをブックマークに登録しておく、メモしておく」「ログイン用のIDとパスワードを記憶しておく」ようにしましょう。パスワードを覚える方法については240ページで説明します。外出先にいる場合は会社の人(セキュリティ推進者など)に連絡して代わりに操作をしてもらう必要があるかもしれません。これも誰にお願いするかを事前に決めておきます。

不正利用を防ぐために

不幸にして紛失したデバイスが悪意を持つ人の手に渡ってしまった場合に不正利用を防ぐためには、前述のデバイス管理機能が有効です。さらに2つの対策をしておきます。

1つが起動ロックです。モバイルデバイスを盗難した、もしくは拾った人がモバイルデバイスを操作できないように、起動ロックを設定します。起動ロックに用いる暗証番号などは誕生日、0000、1234など、推定が容易なものは使わないようにしましょう。

もう1つがアプリケーションにおける追加での認証を有効にすることとパスワードを記憶させないことです。一部のアプリケーションは起動時に追加での認証、暗証番号の入力を設定することが可能なものがあります。重要な情報を扱うアプリケーションについては起動時に追加の認証を行うように設定にします。

また、社内ネットワークへのアクセス、社内システムの利用に関しては必ずユーザー認証を行うようにします。パスワードを記憶する機能も利用せず、利用するたびにパスワードを入力するようにしましょう。

情報漏洩を防ぐために

これまで説明した対策は情報漏洩の防止にも有効です。そして、ほかにも情報漏洩の防止に有効な対策があります。

1つが匿名化／暗号化です。アドレス帳に個人情報を登録する際に、名前、会社名をそのまま登録するのではなく、自分だけがわかるような形で暗号化する方法です。「やまだ」であればローマ字にしたときの子音だけをとって「ymd」と登録するという方法もありますし、人数が少なければ「Yさん」でもよいでしょう。会社名も同様に、自分だけがわかる形で登録しておけば、万一、情報が漏洩してしまった場合も相手に与える迷惑を軽減することができます。

もう1つがのぞき見防止フィルターの利用です。外出先での利用時に、肩越し、横からののぞき見(これらをショルダーハッキングと呼びます)を防止するためにはのぞき見防止フィルターが有効です。また、シャープ製AQUOSなど、一部のスマートフォンには画面の表示方法を変えることでのぞき見を難しくする機能を持っているものがあるので、それを利用することもできます。

便利さの裏には罠がある その1 ～出張先での注意点～

「最近は便利ですよね。ホテルに行くと、ロビーにインターネット接続しているＰＣがあって無料で使えますし。重たいモバイルＰＣを持っていかなくても、不自由しないかもしれません」

あやねは、応接室の壁にかかった日本地図を眺めながら無邪気に語った。

「ううん。その考え方はちょっとどうかな」

かぶりを振る都田。何かまずいこと言ったかな？

「ホテルやインターネットカフェなどのＰＣは、なるべく仕事での利用は避けたほうがいい。不特定多数の人が使うからね」

「確かに！　トイレに入って手を洗っていない人が触っている可能性とかありますよね。ばっちい感じ」

「いや、そういうことじゃなくて…」

あやねののんきな勘違いに、調子を狂わされる都田。気を取り直して続ける。

「菊川さんは、キーロガーって言葉を聞いたことがある？」

――キーロガー。なんだっけ？　確か先月図書館で借りた本に書いてあったな。思い出せない。あの本、意味不明な言葉だらけですぐに睡魔に負けてしまったからな。

「キーロガーというのは、ＰＣのキーボード操作を記録するツールだ。ユーザー名やパスワードなどを盗み出す目的で、ＰＣに仕掛けられることが多い」

「それって、とっても危険じゃないですか！」

あやねはやっと事の重大さを理解したようだ。ばっちいどころの騒ぎではない。

「実際、インターネットカフェのＰＣにキーロガーが仕掛けられていて、クレジットカード番号や銀行口座番号、暗証番号を盗まれる被害も発生している」

そんなリスクのあるＰＣで、業務にかかわる機密情報をやり取りしたらどうなるだろう。

あやねはぞっとなった。

「それから、最近増えてきた無料の公衆無線ＬＡＮ。あれもなるべくなら仕事では使わないほうがいい」

「なぜですか？」

せっかく無料で使えるのに。

「通信が暗号化されておらず、情報がだだ漏れになる可能性があるからだ」

「だだ漏れ…⁉」

都田はウンと頷き、眼鏡のブリッジを人差し指で押し上げた。

「ＩＤとパスワードをやり取りしたり、機密情報を扱う通信は避けるべきだね」

なるほど。不特定多数の人が使えるようになっている、イコール悪意を持った人も入り込みやすい。あやねは、便利さの裏にあるセキュリティリスクを理解した。

これからは、ホテルの共用ＰＣの利用は近くの美味しいスポットを探したり、飛行機や列車の時刻を調べる程度にとどめておこう。あやねは自分にそう言い聞かせた。

出張先での注意点２つ

①ホテルやインターネットカフェの共用ＰＣをなるべく使わない（キーロガーにより情報を盗難されるリスクがある）

②無料の公衆無線ＬＡＮなど、暗号化されていない恐れのある通信を利用しない（通信が盗聴されるリスクがある）

あやねはこの２つを大きな紙に印刷して、フロアの出口の扉の前に貼り出した。こうすれば、出張者が出かけるときに少しはセキュリティリスクを意識してもらえるだろう。

便利さの裏には罠がある その2 ～可搬媒体の注意点～

営業企画部の社員は、仕事の特性上大きな容量の電子ファイルを外の人たち――たとえば広告代理店や印刷会社、調査会社など――と受け渡しすることが多い。動画データ、広告やＰＯＰなどの画像ファイル、提案書や企画書、調査データなど。受け渡しは、もっぱらＵＳＢメモリやコンパクトフラッシュメモリなどの可搬媒体を使って行われている。

都田に言わせると、可搬媒体にもセキュリティリスクが潜んでいるらしい。いったいどういうことだろう？　では、大容量データの受け渡しはどうやったらいいのだろう？

「大きく２つのリスクがある。１つは情報の紛失、もう１つはウイルス感染だ」

都田はまたまた応接室のホワイトボードに図を描いた。２つの楕円の中央に「紛失」「ウイルス感染」と記す。

１つ目のリスクはよくわかる。機密情報の入ったＵＳＢメモリを持ち出してなくしたら大変だ。そのまま情報が流出してしまうかもしれない。しかし、ウイルス感染のリスクもあるとは？　あやねは釈然としない。

「可搬媒体にウイルスが仕込まれている可能性があるんだ。菊川さんがたとえばウイルスに感染したUSBメモリを自分のPCに挿したとしよう。その瞬間、USBメモリのウイルスが起動して菊川さんのPCを感染させてしまう」

「ひええ…USBメモリって怖いんですね。いままで便利だなって何気なく使っていたんですけれど、これからは注意が必要ですね」

その通り！　そう言って、都田は両腕の袖をまくりあげた。そういえばもう5月も半ばを過ぎた。徐々に、初夏のさわやかな気候が梅雨の蒸し暑さに置き換わろうとしている。

「では、大容量のデータの受け渡しはいったいどうやったらいいのですか？」

あやねはそれを知りたい。ただ「可搬媒体利用禁止です」って言ったところで、皆が聞き入れるわけがない。都田は再びホワイトボードと向き合った。

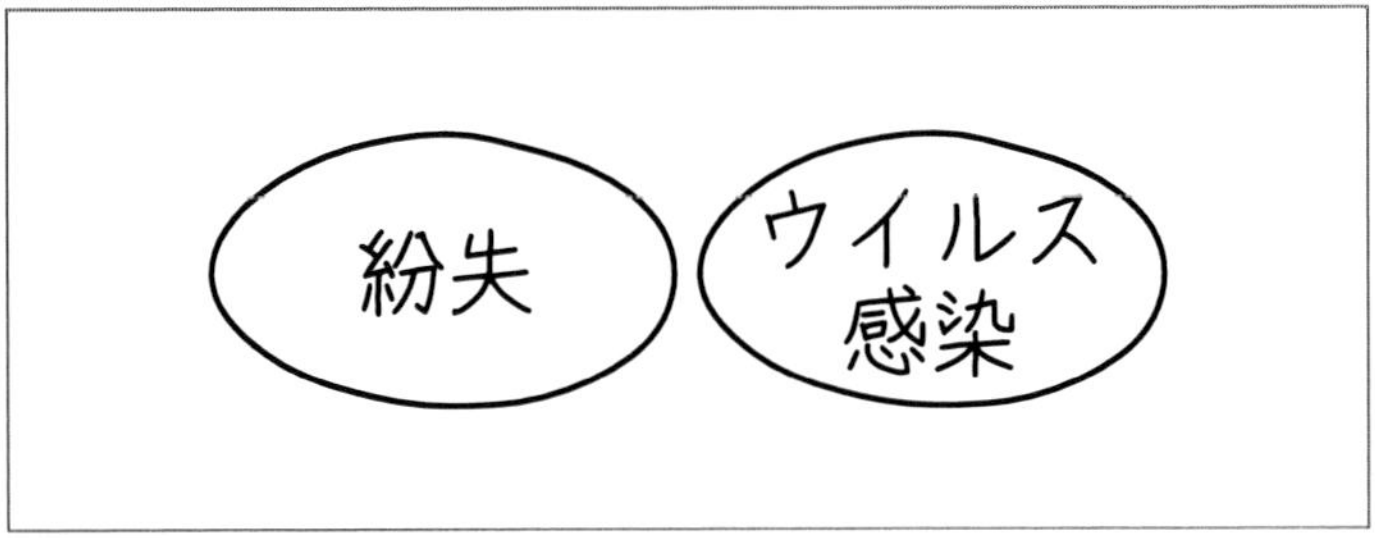

安全なUSBメモリの使い方

小さなサイズにもかかわらず大量の情報を簡単に持ち運ぶことができる、非常に便利で、それだけに事故や犯罪にも利用されやすいUSBメモリ。大企業は利用を禁止している場合も多いのですが、禁止できない会社も多いでしょう。その場合は、セキュリティ機能を備えたUSBメモリ(法人向けセキュリティモデルと呼ばれることが多いです)のみを利用可能とします。可能であれば会社で配布することも有効でしょう。

その上で次の対策を確実に実施します。

紛失防止

小さなUSBメモリは落としやすく、落とした場合にも気付きにくいものです。ストラップ、ケーブルなどにより衣類、かばんなどに付けるようにします。さらにストラップやケーブルが傷んでいないかを定期的に点検しましょう。

情報漏洩防止

USBメモリで一番怖いのが紛失、盗難から起こる情報漏洩です。法人向けのUSBメモリにはPCに接続して利用する際にパスワード入力が必要となるパスワード機能を持つものがあるので、必ずそれを利用しましょう。

また、機密情報を格納する場合はオフィスソフト、圧縮ソフトなどでさらにパスワード保護することも有効です。

自動実行は切る

ＵＳＢメモリにより感染するウイルスはＵＳＢメモリの自動起動機能を用いることがあります（Windowsの呼び方としてAutorun機能、Autorun.iniなどと呼ばれることもあります）。これを防ぐためにWindowsの設定で自動再生を禁止しておきます。法人向けＵＳＢメモリには自動実行を禁止するものがあるので、それを利用することも有効です。

ウイルス対策ソフトのスキャンは有効に

ＵＳＢメモリを接続したときにウイルススキャンを行うことが、外からウイルスを持ってくるのを防ぐのに大事です。会社で配布しているウイルス対策ソフトにこの機能があれば有効にしておきましょう。

ＵＳＢメモリには独自のウイルスチェック機能を持つものもあるので、それを利用することも有効です。

部内でセキュリティ意識の向上を促す

普段、当たり前だと思って使っている情報サービスや機器にも、意外なセキュリティリスクが潜んでいる。でもこうして教えてもらわなければ、なかなかそれを知る機会もないし、日ごろ意識せずに過ごしてしまう。なんたって、便利だもの。

――日々、仕事をする上で気にすべきセキュリティのリスクや管理のポイントを、社員に意識させるいい方法ってないかしら？

あやねは手元のノートをぱらぱらめくって考えた。都田の講義の内容がきっしり書き込まれている。

「あ、たとえばこんなのはどうでしょう？」

営業企画部では、総務チームが毎週部内の全社員に部内報のメールマガジンを発信している。中身は、部長メッセージや売上の計画と実績速報、新商品の情報や販売促進活動の紹介など部内への周知事項だ。ここに情報セキュリティ委員の枠をもらい、情報セキュリティに関するよもやま話や「とほほ事例」などを楽しく発信するのだ。

「なかなか面白いアイディアだね。それ、やろう！」

都田も乗り気だ。

「タイトルは、そうですねぇ…『セキュリTeaTime』なんてどうかしら？」

どうせやるんなら、楽しいコーナーにしないとね。ただでさえ堅苦しくて息苦しく思われがちな情報セキュリティ。やわらかいアプローチも重要だ。

「ははは、セキュリティのティとお茶のTeaを掛け合わせたのか⁉　グッド！」

あやねはさっそく総務チームの担当者と掛け合い、承諾を得た。かくして、「セキュリTeaTime」の連載がはじまった。

＊＊＊

3週間も経つと、じわりじわりと部内の先輩たちから反響が得られるようになった。

「今回のネタ、面白かったよ！」

「私、いままで何気なくデータの入ったUSBメモ

リを胸ポケットに入れてあちこち歩き回っていた。それってリスキーだったのね…気を付けます！」

「ああいうミス、ついついやっちゃうんだよな。気を付けなきゃ」

こんな風に声をかけてもらえる。情報セキュリティ意識の向上には、職場のコミュニケーション活性が重要なのかもしれない。あやねはしみじみそう思った。

アカウント管理・パスワード管理

夕方、あやねは自席で部門フォルダのアクセス権設定を確認していた。ゴールデンウィークに入る前、電子データの取り扱いルールを決めた際、「毎月10日にフォルダのアクセス権設定の棚卸しを行うこと」としたのだ。棚卸し作業は情報セキュリティ委員のあやねが行い、都田が承認する。今日がその日。

フォルダごとのアクセス権設定ユーザーリストを紙に出力し、指差しでチェックしていく。不審なユーザーはいないか？　担当者に、「部課長限り」のフォルダへのアクセス権がついてしまっていないか？　一つひとつ確認する。と、聞きなれない名前が2つ見つかった。

小笠篤《おがさあつし》
松崎《まつざき》かおり

この人たちは誰だろう？　手元の営業企画部の座席表を見る。どちらの名前もない。河津に聞いてみよう。

「あ、小笠くんね。去年の3月末で辞めたよ」

なんと。退職者のアカウントとアクセス権が残ったままになっていた。もう一方の松崎は育児休暇中とのこと。いずれのユーザーも、とりあえずアクセス権は削除しておいたほうがよさそうだ。

松崎かおりの復職予定時期はいつだろうか？　念のため確認しておきたい。あやねは「総務共通」フォルダを開き、「休職者リスト」と書かれたファイルを開く。おっと、パスワードがかかっている。総務チームの担当者に聞いてみよう。あ、今日お休みなんですね。

——試しに適当なパスワードを入れて開けるかやってみようかしら。「999999」なんてね。ええっ⁉　アタリだよ！　開けちゃった。こんなんでイイの？

あやねは思わず小声を挙げた。と同時に、こんなことで運を使ってしまった自分を少し悲しんだ。

解説

アカウント管理のポイント

ファイルサーバー、PC、情報システムなど多くのシステムは利用時にIDとパスワードの入力が必要になりますね。IDとパスワード、さらに名前、メールアドレスなどの情報すべて合わせたものをアカウントと呼びます。アカウントを作成し、修正があれば変更し、不要になったら削除するのがアカウント管理です。

情報セキュリティ対策というとファイアウォール、ウイルス対策ソフトなどが注目されますが、どれだけセキュリティ製品を導入しても、すでに退職した人のアカウントが残っていたら、セキュリティ製品はやすやすと突破されてしまいます。アカウント管理はさまざまなセキュリティ対策の基礎です。

オフィスにおけるアカウント管理のポイントは「ア

◉アカウント管理はすべての管理の基礎

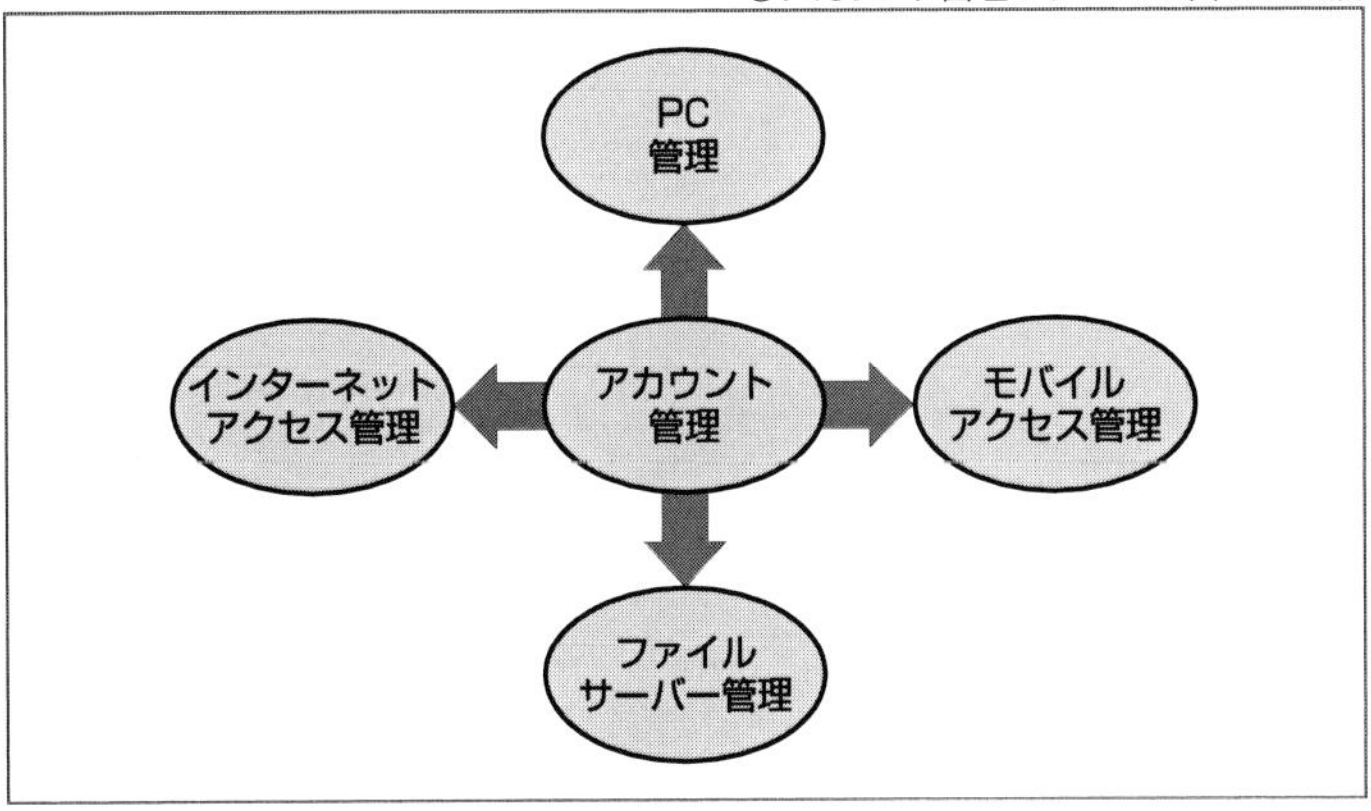

カウントは1人1つ」「幽霊アカウントに注意」「共有アカウントは最小限」の3つです。

アカウントは1人1つ

アカウントは大きく分けて2つの場合に使われます。1つがシステム利用時の許可の判断です。システムやネットワークにアクセスしようとした場合、その利用者は誰なのか、そのシステムを利用する資格を持っているのか、システムが利用できる場合も、どの範囲で利用できるかを決めます。このようにアカウントによって、利用者を確認し、システムの利用範囲を決めることを「認証・認可」と呼びます。

もう1つが問題発生時の追跡です。何かトラブルがあった場合、もしくは定期的にシステムの記録(ログと呼びます)を確認することで、いつ、誰が、何をしたかを確認し、システムが正しく使われているか、不正に利用したのは誰なのかの追跡に利用します。

このようにアカウントは誰が何をしてよいのかの判断と、誰がいつ何をしたかを確認するために使われる大切なものです。

複数の人が1つのアカウントを共同で利用すると、システム上では1人のユーザーとみなされてしまいます。何か問題があった場合、誰が行ったのかを追跡することができなくなってしまいます。

逆に1人が複数のアカウントを使い分けていると、システム上は複数のユーザーが別々にシステムを使っているように見えてしまいます。その人が退職した場合にも1つのアカウントだけを停止して、もう1つが残ってしまうということが起きやすくなります。

1つのアカウントを複数人で使わない、1人の利用者には1つだけのアカウント。これが基本です。

幽霊アカウントに注意

退職、契約終了などで社員が会社からいなくなっても、アカウントが残っていれば、システムが使えてしまいます。このように利用者がいないのに残っているアカウントのことを「幽霊アカウント」と呼びます。システムの不正利用を防ぐためには、幽霊アカウントを極力減らす必要があります。

人が増えた場合にアカウントを作成することは簡単です。システムが利用できないと困るため、利用者や周りの人がアカウントの作成を申請してくれるからです。

一方、人がいなくなったときにアカウントが残っていても困らないので、アカウントの削除申請は滞りがちです。そのため、部門のセキュリティ担当者の役割が重要になります。定期的に、また人事異動が多く発生するタイミングでアカウントの棚卸しを行います。システム上のアカウントの一覧を用意し、実際の利用者の一覧と突き合わせることで幽霊アカウントを探します。

また、休職、出向のように一時的に会社を離れる場合もアカウントを無効にする必要があります。システムにアカウントを無効にする機能がある場合はそれを使います。アカウントを無効にする機能がない場合は、いったんパスワードを複雑なものに変更してしまい、本人には伝えないことでアカウントが利用できないようにしておき、利用者が復帰したときにパスワードを初期化、変更して利用者に通知することでアカウントの利用を再開します。

共有アカウント（グループアカウント）は最小限

1人1アカウントが基本なので、1つのアカウントを複数の人で共有するグループアカウント、共有アカウントはできるだけ使わないようにしましょう。

しかし、業務の特性やシステムの制約でどうしても使わなくてはならない場合もあります。その場合も「利用者を把握する」「誰がいつアカウントを使ったかがわかるようにする」「メンバーが変わった際に利用できないようにする」の3点を確実に実施しましょう。

利用者を把握するためには、共有アカウントの利用者が誰かをエクセルなどで管理します。幽霊アカウントと同じくこのファイルも定期的に確認し、すでに退職していたり、業務を離れた利用者がいないかを確認します。

そして、共有アカウントを利用する際は必ず誰が使ったがわかるようにします。紙またはエクセルで管理簿を用意し、利用のたびに記入しましょう。

さらに厳密に管理したい場合は、利用のたびに管理者に申請するようにします。管理者は利用申請を受けるとパスワードを変更し、利用者に通知します。利用者は受け取ったパスワードを用いてシステムを利用します。システムの利用が終わった後、管理者は再度パスワードを変更し、アカウントが誰にも利用できないようにします。

そして、メンバーが変わった場合は、変更後のメンバーのみがログインできるようにする必要があります。追加の場合は追加された人にIDとパスワードを教えるだけですが、減った場合にはIDとパスワードを忘れてもらうことはできません。そのため、メンバーが減った場合、パスワードを変更し、変更後のパスワードを新しいメンバーのみに知らせることで以前のメンバーがアカウントを利用できないようにします。この方法は暗証番号だけで利用できるロッカー、ドアロックなどでも利用できます。

運転士さんがくれたヒント

週末。梅雨の中休みの良く晴れた日曜日、あやねは榛原聡史《はいばらさとし》（サトシ）に誘われて映画を見に行くことになった。

サトシは大学時代のサークルの同期で、この4月から中目黒にあるインターネット系のベンチャー企業に勤めている。学生時代からよくつるんでいた仲間で、卒業してからもたまに気晴らしをしている。

駅で待ち合わせし、電車に乗り込む。2人は先頭車両に乗った。ちょうど、運転席の真後ろの2人席が空いている。あやねとサトシは並んで腰を下ろした。

日曜日の昼下がりの急行電車は程よくすいている。ラッシュ時とは違い、スピード感のある走りが快適だ。前方の景色がビュンビュンと後ろに流れて行く。

「前方よし！」「出発進行！」「制限60キロ」

運転席から大きな声が聞こえる。若い運転士さんが、声を出して標識や信号機を指さし確認している様子だ。運転席には「指さし確認」のシールが。

——そうね、しっかり声を出して、指さし確認するって大事よね。

あやねはぎこちない動作を繰り返す運転士の背中を窓越しになんとなく見つめ、自分と同じような新人が頑張っている姿に嬉しくなった。

「あやね。ところでさ、今度よかったらウチの会社に遊びに来ないか？　小さな会社だけれど、風通しいいし面白いと思うよ。俺がちゃんと働いているってところも見せたいしな！」

サトシは長い髪をかきあげながら、あやねを誘った。

確かに、他の会社を見てどんな情報セキュリティの取り組みをしているかを知っておくって大事かも。何より、ベンチャー企業のオフィスってなんだか面白そうだ。

「うん、行きたい行きたい！」

あやねは早速スマートフォンを開いて、スケジュールを確認した。

メールに潜むリスクあれこれ

「やばい、提案書…別の客先に送っちゃった。どうしよう！」

月曜日の朝。あやねが出社すると、先輩社員の富士がＰＣの画面の前で青ざめた表情で固まっていた。提案書のファイルを添付したメールを、まったく違う客先に送ってしまったらしい。

「とにかくすぐお客さんに電話して謝罪して！」

河津の指示で、すぐ受話器を掴んでダイヤルをプッシュする富士。お客さんは穏やかな人だったようで、文句も言わずに「やっちゃいましたね！」と笑ってメールを削除してくれたようだ。ファイルにパスワードをかけていたのと、パスワードを相手に送信する前に誤送信に気付いたのも不幸中の幸いだ。しかし、今回はたまたま運が良かっただけだ。メールの誤送信には十分、気を付けなければならない。

メールは意外とあなどれない。

あやね自身にもヒヤっとした経験がある。まだ学生のとき、自分宛に知らない人からメールが届いたことがある。とっさに「宛先間違っていますよ」って書いて返信した。まったく反応なし。

翌日…あやねはメールソフトを立上げて唖然。「送信不能」のメールが1000通以上受信トレイにたまっていた。原文を見ると、ええ!? 自分のアドレスから、アダルトサイトのスパムメールが見知らぬ人たちに送信されている! え、え、いったい何が起こったの?

メールにはどんなセキュリティリスクが潜んでいるのだろう。情報セキュリティ委員としてどんな対策を打つべきか? あやねは都田を応接室に呼んだ。

メールの誤送信対策

本来の宛先とは違った人にメールを送ってしまう、間違ったファイルを添付してしまうメールの誤送信。発生頻度が高いセキュリティ事故の1つです。あなたもメールの誤送信をしてしまい、もしくはしそうになって慌てたことはありませんか？

メールの誤送信をしてしまうと「お客様の機密情報を外部へ漏らしてしまう」「社内の機密情報や、社内でのやり取りをお客様に漏らしてしまう」「必要な情報を約束の期限までに届けることができず、業務が滞る」など、さまざまな問題が発生しますが、一般的に最も大きな問題は、お客様の機密情報を漏らしてしまうことです。

メールの誤送信を完全に防ぐのは難しいことですが、ここでは「宛先の入力ミス、ファイルの添付ミスを防ぐ」「宛先の入力ミス、ファイルの添付ミスに気付く」「メール誤送信時の被害を減らす」の3つの目的から対策を考えてみましょう。

宛先の入力ミス、ファイルの添付ミスを防ぐ

メール誤送信の根本的な原因が宛先の入力ミス、ファイルの添付ミスです。これを防ぐための方法は「テンプレートの利用」「宛先の分類」「オートコンプリートの無効化」「メーリングリストの利用」の4つです。

テンプレートとは途中まで入力したメールをひな形として保存しておき、実際にメールを送信する場合は、ひな形をもとにして、メールを完成させるものです。頻繁にもしくは定期的にメールを送る相手にはテンプレートを用意しておくことでメールを送信するたびに宛先を入力する必要がなくなり、ミスが起きにくくなります。

送信メールをテンプレート化しておくと、別の人がメールを送信する場合も相手先の過不足がない、タイトル、メッセージが変わらないなどのメリットがあり、業務の可視化、共通化の点からも有効です

2つ目が宛先の分類です。メール作成時に宛先の入力はアドレス帳から選択して入力することが多いと思いますが、すべての宛先を1カ所に格納しておくと、1つ前、1つ後ろなどの選択ミスにより無関係な会社の人を選択してしまう可能性が高まります。

そこで、アドレスは会社別、もしくは業務別に分類して格納しておきます。メールの宛先を選択する場合、まず会社を選ぶ、次に宛先を選ぶと2つのステップが必要になってしまいますが、2ステップ目の宛先の選択で間違ってしまっても送信先は同じ会社の人になりますので、被害は小さくなります。

3つ目が「オートコンプリートの無効化」です。メールソフトにはアドレスを途中まで入力すると、残りの部分を自動的に入力してくれるオートコンプリート（自動補完）という機能があります。これは非常に便利な機能なのですが、間違った候補が表示されたことに気が付かず送

信してしまう事故の原因にもなります。多少、不便になりますが、オートコンプリート機能は無効にしておきましょう。

　決まった複数の相手に頻繁にメールを送る場合はメーリングリストを作成しましょう。誤送信を防ぐだけでなく、より効率的にメールを送ることができますし、途中でメンバーが増えた、減った場合にもメーリングリストの参加者を編集するだけで済みます。

　複数のメンバーでメールの送受信を行う場合、受信したメールに「全員に返信」を繰り返している場合もあるでしょう。この方法では、「いったん誤送信が発生すると、それが繰り返されてしまう」「途中で参加したメンバーにメールが送られないことがある」などのミスが起こる可能性が高くなります。メールの送信頻度によりますが、メーリングリストの

◉アウトルックにおけるオートコンプリートの設定画面

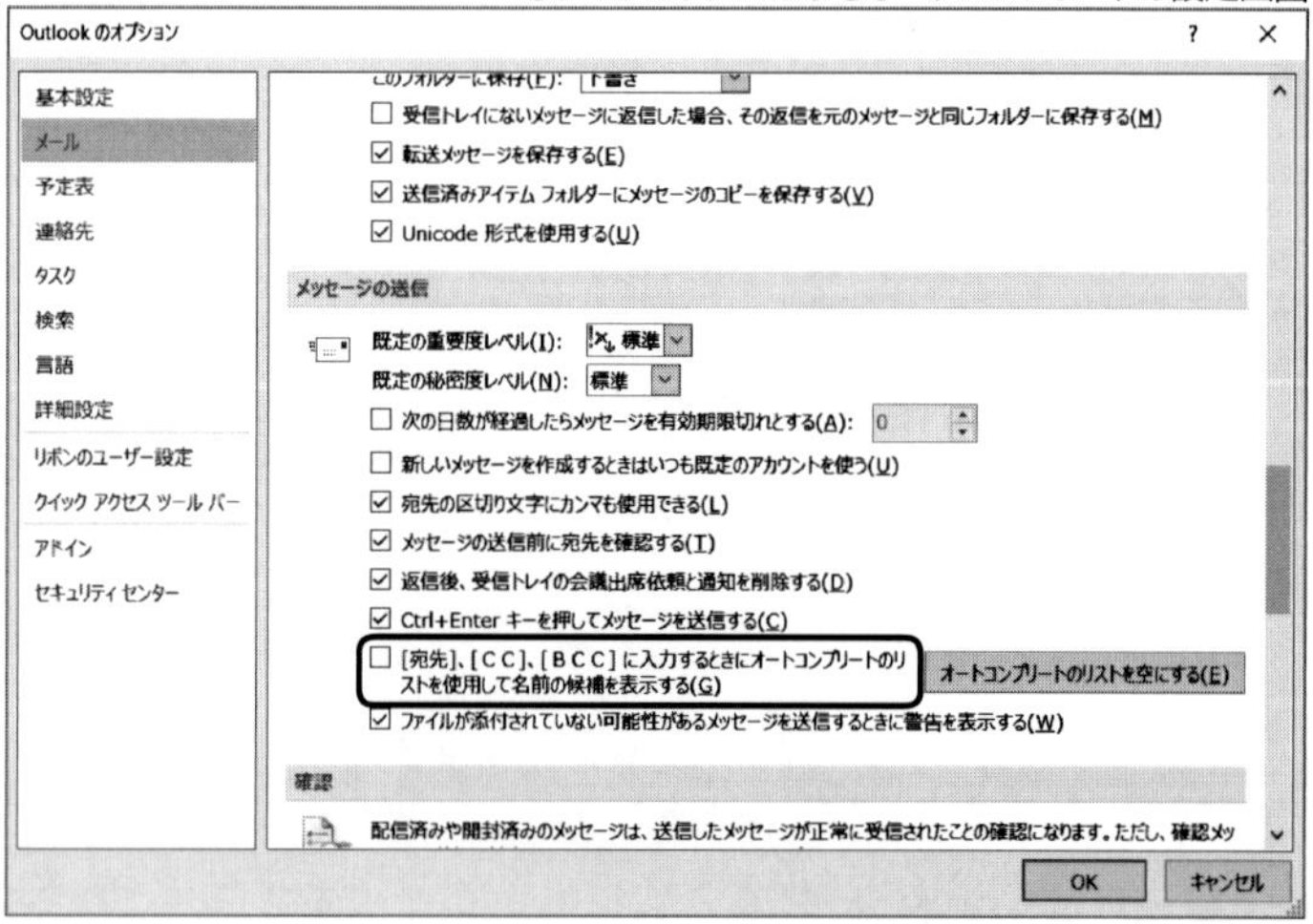

利用を検討しましょう。

宛先の入力ミス、ファイルの添付ミスに気付く

宛先を間違って入力する、間違ったファイルを添付してしまっても、送信までに気が付くことができれば、メールの誤送信は防ぐことができます。ここでは間違いに素早く、確実に気が付くための3つの対策「顔写真の表示」「送信先を指さし確認(仲間と一緒に)」「添付ファイルの確認(仲間と一緒に)」を紹介しましょう。

1つ目が「顔写真の表示」です。代表的なメールソフトの1つアウトルックには、メール作成画面にメール受信者の顔写真を表示する機能があります。

この機能を使うことで宛先の入力ミスに素早く気付くことができます。

人間は文字のわずかな違い(山田が山本になっている)にはなかなか気が付きませんが、違った人の写真が表示されていれば、すぐにそれに気付くことが可能です。アドレス帳に相手の顔写真を登録する必要がありますが、効果が大きな方法の1つです。

「そうは言っても、相手の顔写真なんて手に入らないよ」という声が聞こえてきそうです。確かに、昨今はプライバシーの問題もあり、勝手に写真を撮ることもできませんし、インターネットで検索すると顔写真が出てくるような人でない限り顔写真が入手できないことも多いでしょう。

その場合は相手の会社のロゴマークなどを表示させましょう。

このように間違った宛先を入力してしまった場合でも、それが異なる会社であれば素早く気付くことができます。

2つ目の対策が「送信先を指さし確認(仲間と一緒に)」です。

メールを送信する前に、宛先を指でさして確認をする方法です。アナログな方法であり、ある種、古臭く、カッコ悪く見える方法

◉アウトルックの顔写真を表示する機能

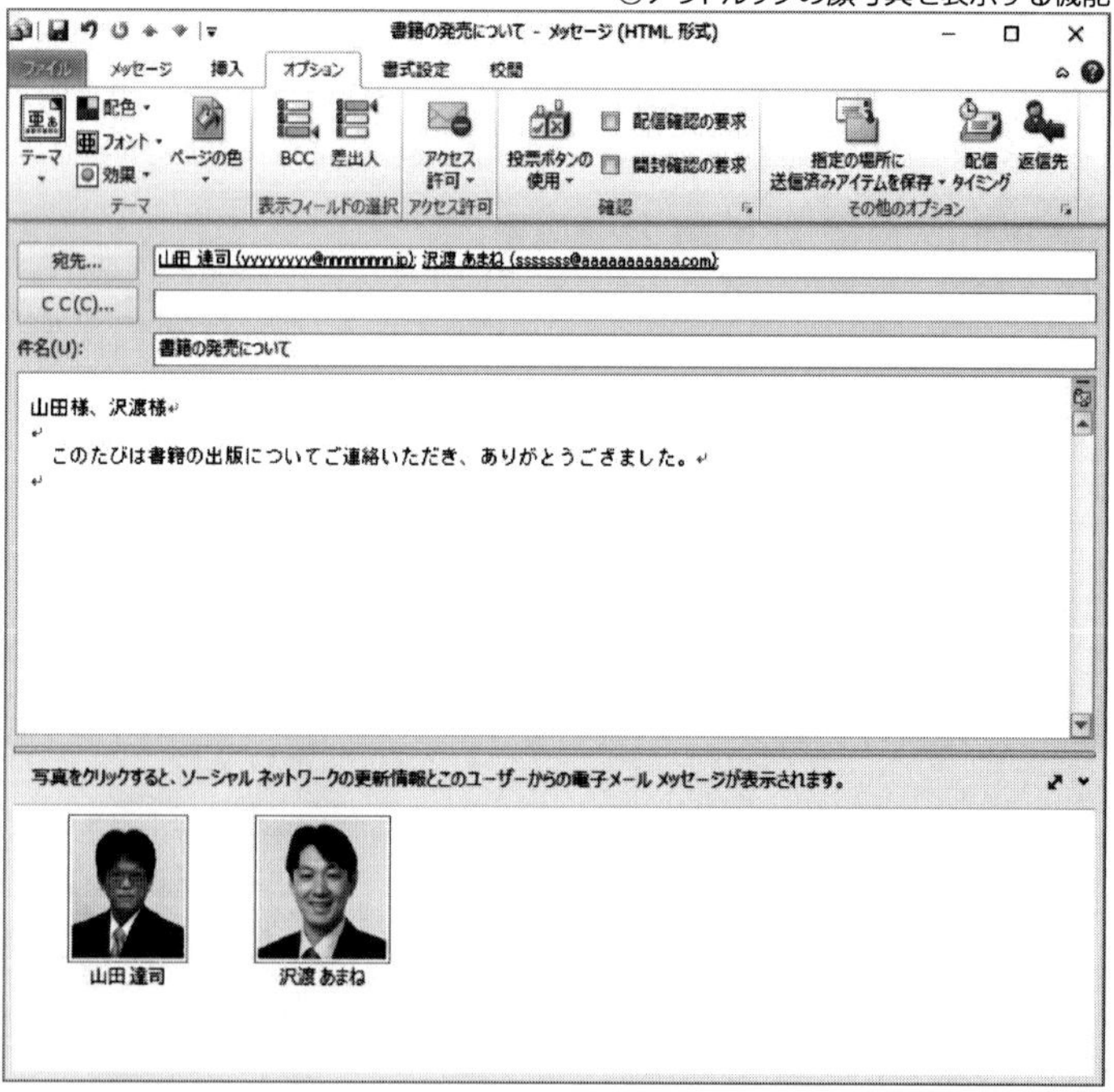

かもしれませんが、工場などのミスが許されない場面で長く続けられている確実で実績がある方法です。お店で買い物をした時に1万円札を出すと「1万円入りましたー」と確認しているシーンに出会ったことはありませんか？　あれも高額紙幣を受け取ったことをメンバーと共有することで受け取った札の見誤り、お釣りのミスを防ぐための方法の1つですね。

確認は1人で行っても効果はありますが、2人以上で行うとより効果が高まりま

●顔写真の代わりにロゴマークを表示させる

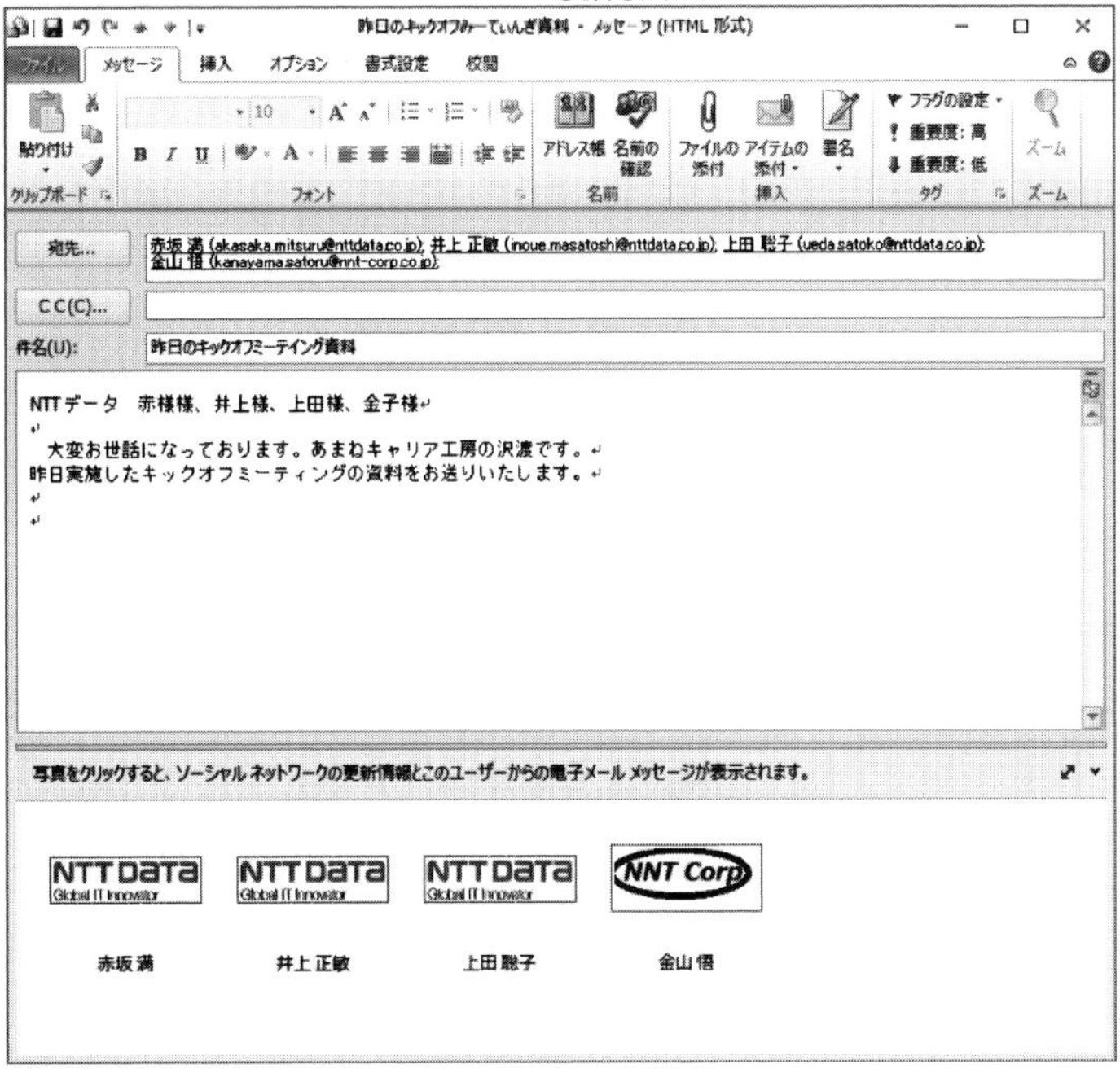

す。メールの送信頻度が低い場合は送信のたびに、送信頻度が高い場合は、重要なメールを送信する場合に限り2人以上でメールの宛先確認をするとよいでしょう。

3つ目が「添付ファイルの確認(仲間と一緒に)」です。メールに添付ファイルが付いているときは、送信前にすべてのファイルを開いて、正しいファイルであることを確認しましょう。これも仲間と一緒にやるとより有効です。

ファイルを添付する場合、ファイルの種類ごとに細かいミスで情報漏洩を起こしてしまうことがあります。この点についても一緒に確認してもらうとよいでしょう。

●エクセル：別のシートに情報が残っている。

見積もりを送付する場合に、別のシートに本来は送付する予定がなかった見積もりの根拠資料が添付しているなど、表示されていない別のシートから情報が漏れてしまう場合があります。余分なシートが付いていないか確認をしましょう。

●ワード：編集履歴が残っている。

ワードの資料に編集履歴が残っており、その中に削除した不都合な情報が残っている場合があります。編集履歴が残っていないことを確認しましょう。

●パワーポイント：ノート、解説が残っている。

パワーポイントでは各スライドに解説やメモを残すことができます（ノートと呼びます）。この中に説明するためのセリフ、質問された際の回答などを記入したことを忘れて送付してしまうことがあります。送付前にノートを表示して不都合な情報が残っていないか確認しましょう。

メール誤送信時の被害を減らす

最後に、間違って送信してしまった場合の被害を小さくするための4つの対策「メールの送信タイミングを遅らせる」「ファイルは暗号化してパスワードは別便で」「ファイル送信サービスを利用する」「メールを受信したら確認の返事を送る」を紹介します。

1つ目が「メールの送信タイミングを遅らせる」です。これはメールの送信ボタンを押してしまってもすぐにメールは送信されず、別のタイミング（別の操作をした後、一定時間がたった後など）でメールを送信する方法です。これにより、送信ボタンを押した直後に「あっ、しまった」と気付いた場合はメールの送信を取り消すことができます。

アウトルックでは、メールの仕分けルールとして「1分後に送信」を作ることで、メールの送信を指示してから1分経つと実際にメールが送信されるようにすることができます。手間がからず、効果が大きい方法です。

2つ目の対策が「ファイルは暗号化してパスワードは別便で」です。これもよく行われている対策ですが、添付ファイルは暗号化して送付します。オフィス文書であれば、ファイル保存時にパスワードを付加することができますし、オフィス文書以外のファイルや複数のファイルを送る場合は暗号付きのZIP形式で圧縮して送付します。

このときに注意が必要なのが暗号化で利用するパスワードの送付方法です。頻繁にやり取りをする相手の場合、事前にパスワードを決めて、それを使うようにします。

新しい相手にパスワードを送る場合は、暗号ファイルの送信に続いてパスワードを送ることになります。ついつい初めのメールを開いて「全員に返信」、もしくは「メールを再編集」してパスワード送付メールを作りたくなりますが、初めのメールで宛先が間違っていた場合、パスワードも間違った相手に送ってしまうことになります。ここは我慢して新しくメールを作成して、送付相手を選択してください。

3つ目の対策が「ファイル送信サービスを利用する」です。ファイルを送る場合、Webでファイルの送受信を行うファイル送信サービスの利用をする方法もあります。

一般的にファイル送信サービスではファイルの送信を依頼した後でもファイル送信を取り消すことができますし、実際にファイルの受信が行われたかを確認することもできるので、相手が受信する前に誤送信に気が付けばファイル送信を取り消すことができます。

ファイル送信サービスは一定量まで無料で使えるものや、法人利用を想定した有償のものなど、たくさんのサービスがあります。無料のサービスに機密情報を預けるのは不安という場合は信頼できる企業が提供するサービスを利用するのがよいでしょう。
　４つ目の対策が「メールを受信したら確認の返事を送る」です。メールを受信した場合、受信したことをメールで伝える習慣を付けましょう。返事がないことでメールの誤送信に早く気が付くことができますし、それ以外の理由でメールが送られていないことを防ぐことにも有効です。

　これまではメールソフトの設定やルール化で実施できる対策を紹介してきました。しかし、「ルールではなく、強制的に実施をさせたい」「さらに確実性を確保したい」という場合は誤送信対策ソリューションの導入を検討しましょう。ソリューションによる「送信前の宛先や添付ファイルの確認」「添付ファイルの暗号化」などを強制的かつ自動的に実施することができます。

メールやインターネットに潜む脅威と対策

ここではメールやWebアクセスなど、インターネット利用に関わる脅威と対策を見てみましょう。なお、インターネットに関わる脅威は変化が激しく、それに合わせて適切な対策も変わってきます。定期的に見直すことが大切です。

メールの脅威

まず始めはメールの脅威について「標的型メールによるウイルス感染」「プレビューからウイルス感染」「メールからのフィッシングサイト、不正サイトへのアクセス」「踏み台」の4つを紹介します。

標的型メールによるウイルス感染

45ページでも説明したように、特定の企業、団体を狙った標的型攻撃が頻発しています。標的型攻撃ではメールのタイトルや内容が日常的に送受信するメールに近くなり、関係者のみが知る情報が記入されていることもあります。

これを信用して添付の実行ファイルを実行する、もしくは添付文書を開くとウイルスに感染してしまうことがあるので、不自然な点がないか注意しましょう。ファイルの実行には慎重になる人が多いと思いますが、OS、オフィスソフトにパッチがあたっていないとオフィスファイルを開いただけでウイルスに感染してしまうこともあります。パッチあて、アップデートを確実に実施することで感染の可能性を大きく下げることができます。

標的型メールの中には初めのメールには何も添付されておらず、通常のメールのやり取りを数回した後に添付ファイルを送る「やり取り型」というものも発見されています。

プレビューからウイルス感染

ウイルスの中には受信したファイルをメーラーでプレビュー(メールを開かなくても、その一部を表示する機能)しただけで感染してしまうものがあります。特にパッチあてやアップデートがされていないとその危険性が高まります。

メールからのフィッシングサイト、不正サイトへのアクセス

メールの中にWebサイトへのリンクが含まれており、そのWebサイトへアクセスするとID、パスワードを入力するように促され、それによりIDとパスワードを盗まれてしまうような詐欺行為を「フィッシング」と呼びます。

フィッシングでは、金融機関から、アカウントが不正利用された、セキュリティのチェックを強化したなどの理由でサイトへアクセスを促す形態が多くあります。この場合、金融機関の

サイトを確認して、同様の対策を実施しているかどうかを確認することが有効です。

踏み台

メールを利用する際のID、パスワードを盗まれてしまうと、自分のメールアドレスで多くの利用者へさまざまな迷惑メールを送信するために利用されてしまいます。これを「踏み台」と呼びます。人に迷惑をかけないためにもメールシステムのIDとパスワードは他人に漏れない、推測されないようにしましょう（具体的には239ページのパスワード管理のポイントを参照）。

インターネットアクセスの危険性

次に、インターネットアクセスの危険性を3つ紹介します。

水飲み場攻撃（踏み台）

47ページでも説明したように、有名で頻繁に利用されるサイトにウイルスが仕込まれてしまう水飲み場攻撃が発生しています。水飲み場攻撃では有名なサイトが攻撃された結果、ウイルスの拡散に利用されるので、アクセス自体を避けることは困難です。

アクセスしてしまってもウイルスに感染しないようにするためにはOSのパッチあて、アップデートが大切です。

不正サイト／偽サイト／フィッシングサイトへのアクセス

不正サイトへアクセスしてしまうとウイルスへの感染、ID、パスワードの盗難、クレジットカードの盗難など、さまざまな被害にあってしまいます。不正サイトへアクセスしてしまうきっかけとして、フィッシングメールの中のリンク、検索エンジンの検索結果画面からのリンクなどがあります。

メールを受け取って、その中のリンクにアクセスする場合は事前にリンク先のアドレスを確認し、正式なアドレスであることを確認しましょう。また、可能であればメールのリンクではなく、Webブラウザで企業サイトをアクセスする方がより安全です。

ランサムウェア（脅迫型ウイルス）

ここ数年発生しているウイルスの一種にランサムウェアと呼ばれるものがあります。ランサムとは身代金のことであり、ランサムウェアとは身代金を要求するソフトウェアのことです。PCやスマートフォンに感染したランサムウェアはPCやスマートフォンを使えないようにしたり、中に保存しているファイルを暗号化し、それを元に戻すために身代金を支払うように要求します。身代金を払ったとしてもPC、スマートフォンやファイルが元に戻る保証はないので、ランサムウェアに感染してしまったらPC、スマートフォンを初期化してしまうのが確実です。ファイルやデータの紛失を防ぐためにデータのバックアップは確実にとっておきましょう。

メール・インターネットの脅威に対する6つの対策

このようにメール・インターネットなどには多くの脅威があります。これを防ぐための対策を6つ紹介しましょう。

何はなくともアップデート・パッチあて

多くの脅威はPC、スマートフォンにウイルスをインストールすることを目的としています。通常は実行型ファイル(.EXEなど)を実行しない限りウイルスには感染しませんが、OSやアプリケーションに脆弱性があると、ファイルを開くだけでウイルスに完成してしまう危険性が高まります。

確実にパッチあて、アップデートを行うことがウイルスに感染しないための一番効果的な方法です。

不要なソフト(特にJavaとFlash Player)はアンインストール

多くの標的型攻撃ウイルスはJavaやFlash Playerの脆弱性を狙います。これらのソフトを利用しない場合はアンインストールしておきましょう。

プレビューを切る

メールをプレビューするだけで感染するウイルスも存在します。メールソフトのプレビュー機能は無効にし、怪しいメールは開かないようにします。

受信/ダウンロードファイルはウイルスチェック

メールで受信したファイル、インターネットからダウンロードしたファイルは確実にウイルスのスキャンを行うようにウイルス対策ソフトを設定します。

別のメッセージ機能の利用

電子メールは相手の許可を得ずに送受信ができるので、どうしてもスパムメール(迷惑メール)やウイルスメールなどを完全に排除することはできません。

頻繁に連絡をする相手とはSkype、LINE、FacebookメッセンジャーなどのメッセージアプリやサイボウズLiveなどのグループウェアを利用する方法もあります。これらのソフトは事前に許可、承諾をしない限りメッセージのやり取りができないので、ウイルス入りメールを受信する危険が少なくなります。

一方、これらインターネット上のサービスを利用する場合は別の脅威が存在するので、利用にあたってはセキュリティを統括する部門に相談してください。

インターネットアクセス環境と業務環境の分離

これまで説明したように多くの脅威はインターネット上に存在します。可能であれば、インターネットにアクセス可能なＰＣと日常的に業務に利用するＰＣを分けることも有効です。

インターネットに接続されたＰＣから業務用ＰＣにデータを持ち込む場合はウイルスのスキャンなどを確実に実施するように注意します。

この方法ではウイルスに感染する危険性が下がりますし、もしウイルスに感染してしまっても外部からのコントロールや外部に対しての情報漏洩の可能性が小さくなります。

目指せ、セキュリティ災害ゼロ！

——これこそ、事前対策（プロアクティブ）、事後対応（リアクティブ）、日常の運用の３つの組み合わせが重要そうね。

あやねは４月に都田から教わった３つの対策を振り返る。

①事前対策（プロアクティブ）
↓端末におけるJava／Flash Player無効化。メール誤送信防止ソフトの導入。

②事後対応（リアクティブ）
↓メール誤送信をしてしまったときの初動の策定と徹底（例：上司にすぐ報告）。疑わしき添付ファイルを開いたり、怪しいＵＲＬをクリックしてしまったときの初動の策定と徹底。

③日常の運用
↓添付ファイルをメールで送らない（セキュアなファイル送受信サービスを利用する）。添

付ファイルには必ずパスワードを付与する。パスワードは添付ファイル送信とは別の手段で送る。

こんな感じだろうか？　あやねはノートに書き出して腕組みする。何かまだ足りない気がするな。特に、営業企画部ではメール誤送信が目立つのでこれを何とかしたい。

ふと、あやねはこの前出会った電車の運転士さんを思い出した。「前方よし！」「信号よし！」って指さしと声出しで安全確認をしていた。あれを営業企画部の職場にも導入してみたらどうか？

あやねは営業企画部内に、次のルールを展開した。

(1)社外にメールを送信するときは、必ず仲間に声をかけて2名で「指さし」「声出し」して宛先の確認をする(例：「宛先よし」「発信ＯＫ！」)。

(2)周りに誰もいない場合でも、「指さし」「声出し」による宛先確認を徹底する。

併せて、工場や工事現場でよく見かける「指さし呼称」のシールを買ってきて全員に配り、デスクに貼ってもらった。

「目指せ、災害ゼロ！」

あやねはそうつぶやきながら、鼻歌交じりで自分のデスクにもシールをペタっと貼り付けた。

もちろん、これでメール誤送信やメールを介したセキュリティインシデントがなくなるわけではない。情報セキュリティに完璧はないのだから。しかし、そこで匙を投げてしまってはダメだ。できる限りの対策をしなければ。

各自のＰＣのメールのプレビュー無効化、ブラウザのJava／Flash Playerの禁止も促した。ただし、これは業務への支障をきたすことがわかった。業務上、必要なサイトを見たりインターネットサービスを利用するのにJavaを有効にせざるを得ないケースがあるからだ。

「端にある共有端末。あれを使おう」

都田が代替策を提示する。2台の共有端末のみJavaの設定を有効にし、Java使用のサイトを利用する場合はこのＰＣを使ってもらうようにする。セキュリティリスクを極力小さくするための例外措置だ。あやねと都田が全員のＰＣの画面をのぞき、ブラウザのJava／Flash Playerが無効に設定されたことを確認する。全員完了。

「指さし」「声出し」運動も徐々に浸透した。最初は皆、恥ずかしがってやろうとしなかったが、営業企画部長が率先してはじめるようになってからは空気が変わった。

※制作元：中央労働災害防止協会
(http://www.jisha.or.jp/)

「菊川さん、ごめん。俺、いまからメールを出すからこっちにきて一緒に確認してよ」

「宛先よし！　ＣＣよし！」

いつしか、チームの壁も越えて、当たり前のように声を掛け合う職場に変わってきた。

——いままでのシーンとした職場がウソみたい。情報セキュリティ委員のお仕事…なんか楽しくなってきたかも。

隣で先輩と上司がニコニコしながら指さし確認をしている横顔を見て、あやねは少し誇らしい気持ちになった。

第3章 外部の人との付き合い方

あたりまえのように出入りする部外者

営業企画部のフロアはいつもいろいろな人が出入りしている。広告代理店、印刷会社、コンサルティング会社、調査会社、イベント運営会社…などなど。週の半ばともなると、フロアはとても賑やかになる。

あやねの隣の島は、宣伝チームだ。テレビＣＭや広告などの企画をしている華やかな部隊で、あやねもいつかこのチームで仕事をしたいと思っている。あやねの席のすぐ後ろでは、派手なスーツをまとった大柄の男が椅子にふんぞりかえってなにやら講釈をしていた。博通《はくつう》エージェンシーの御前崎《おまえざき》クリス徹《とおる》だ。日焼け顔で、縦ストライプの紺のスーツ姿。いかにも広告代理店のコンサルって感じがする。

宣伝チームのメンバーは彼のことをクリスと呼んでいる。歳は都田より1つ下の42歳だとか。ＵＳＡからの帰国子女で、グローバルマーケティングやプロモーション戦略に精通しているとのことだ。

クリスの話を、宣伝チームの三島課長が腰を低くしてメモを取りながら聞いている。どかっと脚を広げて熱弁するクリス。傍から見たら、どちらがお客だかわかりゃしない。

あやねの視線に気付いたクリス。フレンドリーに話しかけてきた。

「あ、You見かけない顔だね。新人さん？　何のお仕事しているの？　情報セキュリティ？　へぇ、なんでまた営業企画屋さんがセキュリティなんて？　あ、そう。ま、頑張ってね」

クリスは、いかにも興味がありませんといった表情でその場を去った。

とことん偉そうなヤツ！　でもって、イヤな感じ。でも、宣伝チームのメンバーはクリスを頼りにしているようだし、まあ気にしないでおこう。

オフィス内のサーバー。これっていいの？

あやねはいったんトイレにいって気持ちを落ち着けた。

席に戻ると、あやねの席の横に都田が立っていた。フロアの奥のほうを眺めて険しい顔をしている。

「菊川さん、ところであの大きなデスクトップＰＣは何？」

都田がフロアの端っこを指差して言った。黒くてごついマシンが1台、鎮座している。

「あれは営業情報管理システムのサーバーです。システムっていっても、簡単なＷｅｂサイトと、客先の担当者の情報や、提案書や見積書など営業で使ったデータをためている箱みたいなものですけど」

あやねが返す。それを聞いて、都田はううむとうなった。

「そんな重要情報が入ったサーバーが、野ざらしになっているの？」

――野ざらしって、ここはビルの居室の中なので雨風にさらされて壊れたりはしないと思いますけれど…。あ、そういうことではなくて？

「社外の人も頻繁に出入りしているみたいだし、このままではまずいな…」

考えてみれば、さっきのクリスも社外の人だ。我が物顔で居座っていたので、身内のように見えてしまっていたけれど。

――社外の人たちが社内の重要情報に触れられる環境って…やはり問題アリよね。

あやねは野ざらしの意味を理解した。いままでPCを守ることや、電子データの取り扱いばかりに注力してきたが、そもそもここの居室環境をなんとかしなければならないのではないか？

「とりあえず、あのサーバーをまずなんとかしよう」

都田の号令で、あやねはいつもの応接室に向かった。

オフィスにおけるアクセス管理

企業の重要な情報が格納されているサーバーは盗難、破壊（意図的・偶発的）などの物理的な脅威にさらされています。盗難や破壊は情報の機密性（Confidentiality）や可用性（Availability）を脅かすため、ウイルス対策やソリューション導入などに加え、物理的にサーバーへの接触が可能な人を制御するアクセス管理が必要となります。

サーバーのアクセス管理で必要なポイントは「空間の分離」「入退室の制限と記録」「作業の承認と記録」「中継サーバー」の4つです。

空間の分離

まずはサーバーを多くの利用者が出入りする日常の業務スペースから空間的に分離することが重要です。

専用のサーバールームが用意できれば一番良いのですが、それが難しい場合も多いでしょう。その場合はオフィスの一部をパーティションで区切る、物置、資料室など、施錠が可能な場所にサーバーを移動するなどの方法で入退室を管理できるスペースを確保します。

コンパクトな筐体のサーバーであれば、鍵がかかり、電源やネットワークケーブルを引き込むことができる書庫やキャビネットに格納することも1つの方法です。どうしてもこれらが難しい場合はオフィス設置型のサーバー格納用キャビネットを購入し、それをセキュリティケーブルなどで固定した上でサーバーを格納します。

入退室(アクセス)の制限と記録

空間的に分離ができたら、次はそこへアクセス可能な人を管理します。まずはサーバー管理の体制図を作ります。サーバーを管理する上でアクセスができる人と役割を定め、体制図を作成します。

作成した体制図は必要な場合にすぐ見つけることができるように、サーバールームの入り口やキャビネットに貼っておきましょう。

次に、許可された人だけがサーバーにアクセスできる仕組みを用意します。物理的な鍵が複数あれば1人が1つずつ持ってもよいのですが、今度は担当者が鍵を安全に管理する方法が必要になります。

そのため、暗証番号で開閉可能なロッカーなどに鍵を保管し、関係者のみに暗証番号を知らせる方法がよいでしょう。ロッカーの中には鍵以外にも作業記録簿などを保管しておきます(グループで利

◉体制図の例

役割	名前	電話番号	メールアドレス
サーバールーム責任者	都田 慎次	050-5512-1XXX	Miyakoda.s@kanayacorp.co.jp
サーバールーム担当者	菊川 あやね	050-5512-2XXX	Kikugawa.a@kanayacorp.co.jp
サーバールーム担当者	富士 康介	050-5512-3XXX	Fuji.k@kanayacorp.co.jp

用する暗証番号の管理方法については127ページを参照）。

アクセスを制御する仕組みが用意できたら、次はアクセスの記録をとる方法を用意します。まずは鍵とともに管理簿を用意し、いつ、誰が、何を目的として鍵を利用したかを記録します。

また、サーバールームに監視カメラを設置するのもよいでしょう。家庭用の監視カメラであれば十分に安い金額で入手が可能です。単体、もしくはPCと連携して1カ月以上の記録が可能なものを選びましょう。

サーバールームへの入退出はこれで記録できましたが、サーバーがネットワークで接続されている場合、その制限と記録が必要です。

基本となるのはサーバーのアカウント管理です。サーバー管理を行う人だけがサーバーに接続ができること、サーバーへの接続の記録がとられるように設定し、確認をしておきます。

作業の承認と記録

入退室の管理と記録ができるようになったら、次に考えるのは作業の承認と記録です。

大規模な組織ではサーバールームでの作業が必要な場合、事前に作業内容と入退室時刻を添えて入退室を申請し、許可された日時にだけ入退室が可能とすることがあります。一方、この管理を厳密に行うと、緊急時（サーバーが不調など）の対応が遅れてしまいます。事前の承認を必須とするかどうかはオフィスの状況に合わせて決めましょう。

また、作業記録を取得することで牽制効果を高めることができます。自分が行う作業がすべて記録されている場合、人は悪いことをしようとは思わないでしょう。

作業記録を取る方法についてはさまざまなソリューション(Password Manager Pro、ESSRec、iDoperationなど)が用意されています。

中継サーバー

管理するサーバーの台数やアクセスする人数が多い場合は、サーバーを個々に設定したり、ソリューションを導入するのではなく、中継サーバーを設置することも有効です。中継サーバーとは利用者のPCとサーバーの間でアクセスを中継し、アクセスを制限したり、アクセス内容の記録をとるサーバーのこ

◉中継サーバー

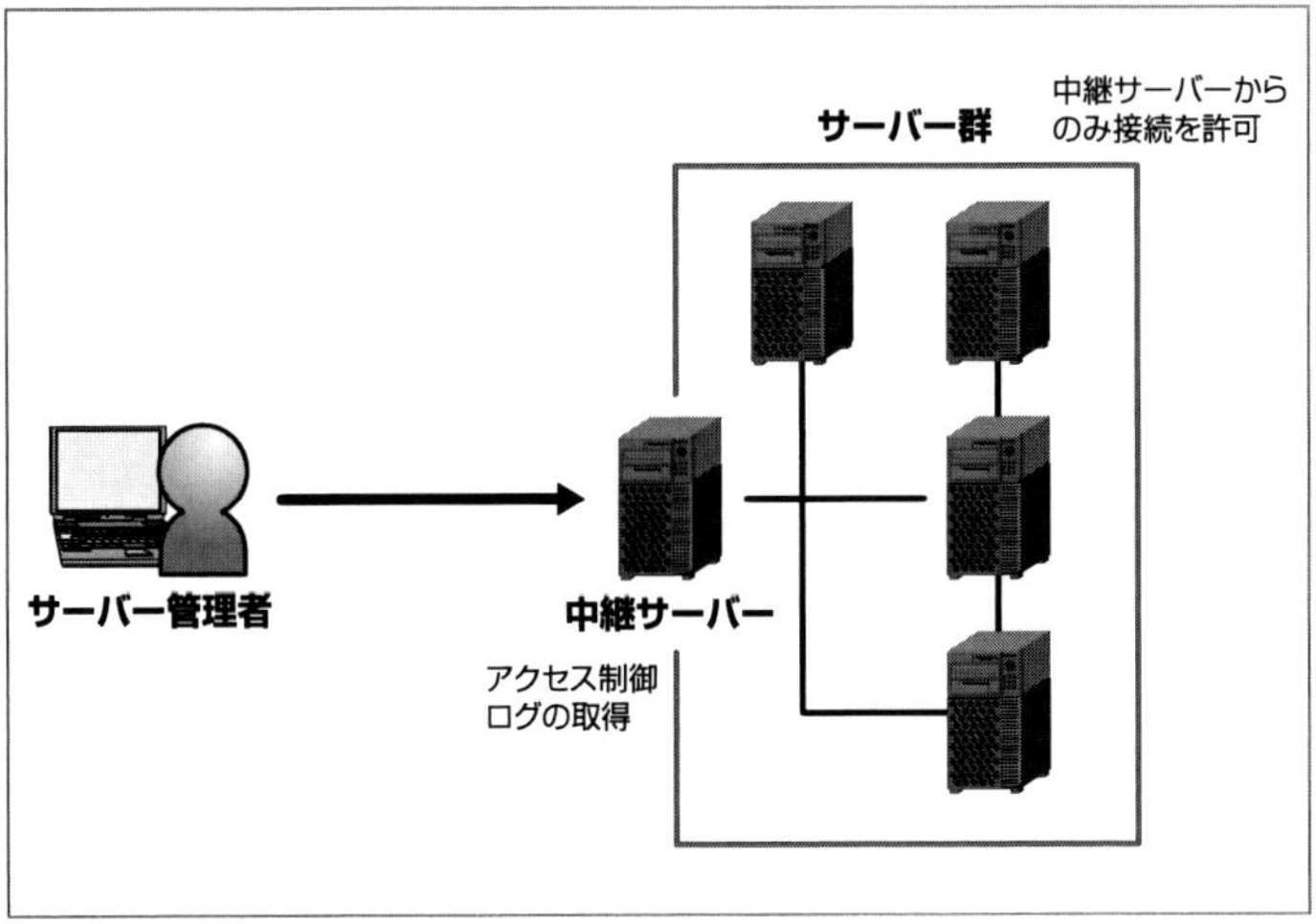

とです。中継サーバーは時々「踏み台サーバー」と呼ばれることもありますが、ウイルスなどの攻撃に利用される踏み台とは完全に別物ですので、ご安心を。

中継サーバーを用意する場合、サーバーは中継サーバーからのみアクセスを許可するように設定します。そしてサーバーへアクセスする人はTelnet、リモートデスクトップなどで中継サーバーにアクセスし、そこからサーバー本体へアクセスを行います。

こうしておけば、サーバーへのアクセス時は必ず中継サーバーへアクセスする必要があるので、アカウントの管理、ログの取得、作業記録などが容易になります。

苦手なことはプロに任せる！～外注管理のポイント～

「あそこなんてどうだろう？」

都田はフロアの端っこの、扉のある一角に目を付けた。駆け寄るあやね。三角形に近い形のデッドスペース。その角地はグレーのパーティションで区切られている。普段、誰も近寄らないためか埃っぽい。

総務チームの担当者から鍵を借りて中に入る。窓のない小部屋は、よく晴れた昼間なのに真っ暗だ。あやねは壁にある蛍光灯のスイッチをオンにした。中には金属製の大きなラックがあり、解体されたダンボール箱、壊れた掃除機、動きそうにないプリンター、古雑誌など、ガラクタばかりが雑然と積まれていた。ただの物置部屋のようだ。

物置代わりになっていたが施錠もされているし、十分だ。ここをサーバー室にしよう。簡易な監視カメラを付け、入口にＡ４のノートを置いて鍵の貸し出し記録、入退室記録、作業記録を記すことにした。

最近は監視カメラも随分と安くなった。河津に決裁を仰ぎ、1週間後には立派なサーバールームの出来上がり。野ざらしになっていたサーバーを移設して、運用を開始した。

「とりあえずはこれでいいとして、そもそもこのサーバーとシステムの運用を営業企画部がやるってどうなんだろう？」

軍手をはずしながら都田が尋ねる。

「情報システム部が引き取りたがらないそうなんです。『部門が勝手に立てたシステムの面倒なんて見られるか』って」

立ちはだかる部門間の壁。会社とはそういうものなのだろう。あやねはようやく社会の仕組みがわかってきた。

「それに、今年度の情報システム部の予算はもう決まってしまっているらしいので、これから追加で運用をお願いするのは難しいと思います」

河津から聞いたままを伝える。

「ならば、専門の業者に外注したらどうかな？」

「外注…ですか？」

あやねは目をぱちくりさせた。

解説

外注管理のポイント

大企業であっても、次のようなケースが散見されています。

- オフィススペースに重要情報を扱うサーバーがある
- 情報システム部門に断りなく立ててしまったシステムがある
- 新しいシステムを導入したいが、情報システム部がとりあってくれない。自力で立ててしまおう

原則として、企業内のシステムの構築や維持運用、サーバーの管理などは情報システムを統括する部門に任せるべきです。なぜなら、ＩＴに不慣れな業務部門がシステムを扱うと、情報セキュリティのリスクを増大させるからです。

そうはいっても、カナヤ製菓の事例のように社内の「大人の事情」により情報システム部門を介さずにシステムを作り、部門が維持運用するケースもあります(そして、後からシステムの維持運用を情報システム部門に引き取ってもらうには労力も時間もかかります)。

その場合、システムの維持運用を外部の専門業者に委託するのも1つの選択肢です。パターンは大きく3つあります。

❶自社のシステムを、サーバーごと委託先のデータセンタに預けて維持運用してもらう。

❷自社のシステムを、委託先のデータセンタのサーバーに移植して維持運用してもらう(ホスティングサービス)。
❸自社のシステムを、自社のサーバーに残したまま技術者を派遣(常駐)してもらい、維持運用してもらう。

ここでは、システムの維持運用を外部委託する3つのポイントを解説します。

委託先選定時のポイント

委託先を選定するときのポイントは、次の通りです。

❶SLAを策定する
❷サービスレベルを測定する(させる)
❸サービスレベルを報告する(させる)
❹改善策を検討する

◉サービスレベル/サービスレベル管理/SLA

■サービスレベルとは
アウトソーシングの条件、品質目標、委託元と委託先の役割などを定めたレベル。

■サービスレベル管理とは
委託元と委託先でサービスレベルを合意し、合意したレベルを達成できるようにするための一連の活動。

■SLA(Service Level Agreement)とは
委託元と委託先で締結する、サービスレベルに関する合意文書。

システムの維持運用を外注するときに最も重要なのが「サービスレベル」と呼ばれるものです。

サービスレベルとは、その業務を外注（アウトソーシング）する条件、品質目標、委託元と委託先との役割などの定めたレベルを言います。サービスレベルをきちんと合意しておかないと、後々「言った言わない」「ここまで当然やってくれると思っていた」などトラブルの元になります。

委託元と委託先とで締結する、サービスレベルの合意文書をＳＬＡ（サービスレベルアグリーメント）と言います。

また、委託先と委託元とで合意したサービスレベルを達成できるようにするための一連の活動を、サービスレベル管理と言います。

サービスレベル管理は大きく下図の４つの活動からなります。

◉サービスレベル管理の4つの活動

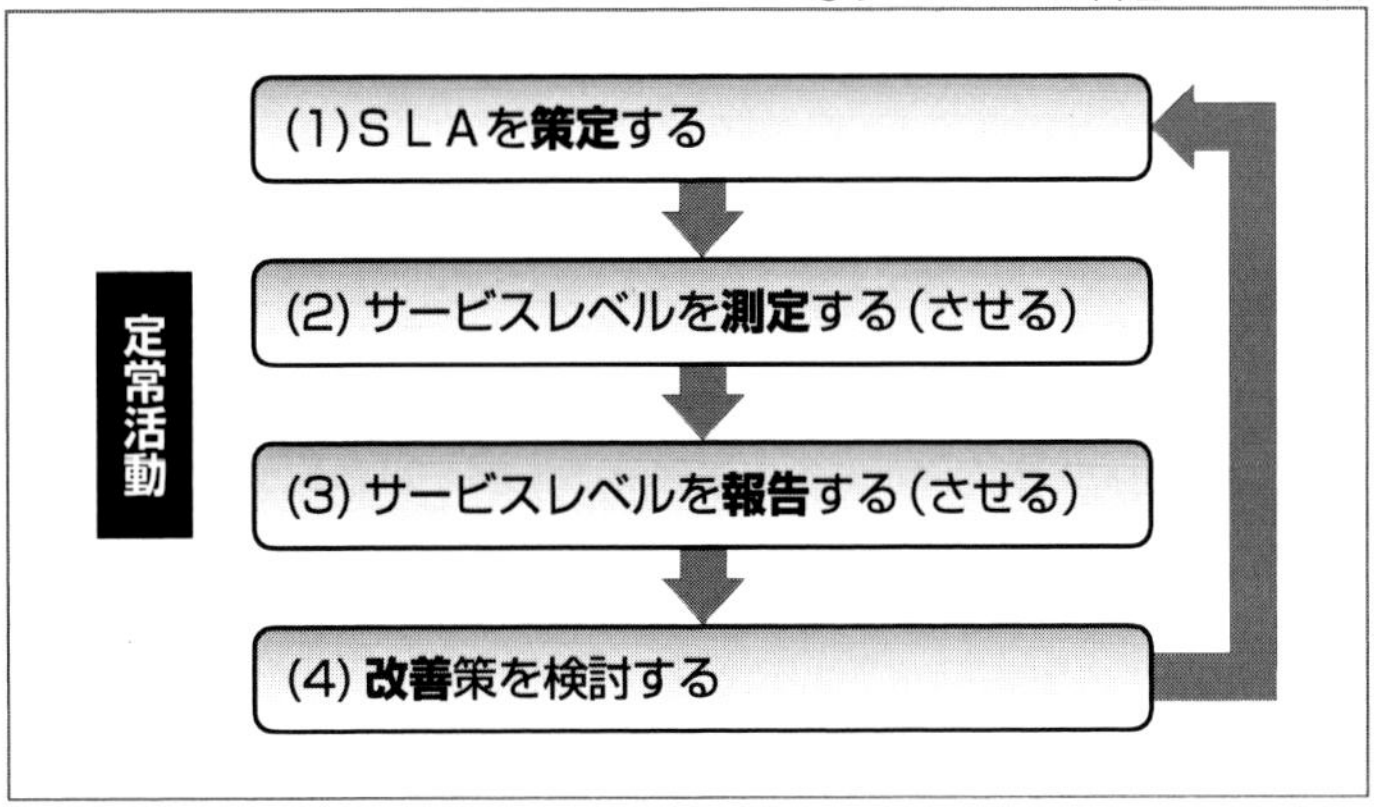

ＳＬＡの項目例を下図に示します。業種や職種、会社によって重視すべき項目は異なります。あなたの勤務先の情報システム部門に聞いて、自社のＳＬＡの事例を見てみることをお勧めします。

可用性とは、そのシステムの利用者が必要なときにシステムを利用できる状態になっていることを言います。可用性が高い＝そのシステムが停止することなく安定して利用できることと考えるとわかりやすいでしょう。

可用性を高めようとすればするほどそれだけコストがかかります。たとえば、平日9時～20時まで運転しているシステムがあるとします。このシステムの可用性目標を100％に設定したとしましょう。100％ですから、1分たりともシステムを止めてはいけないことになります。この可用性目標を達成するためには、システムトラブルがあっても止まら

◉SLAの項目例

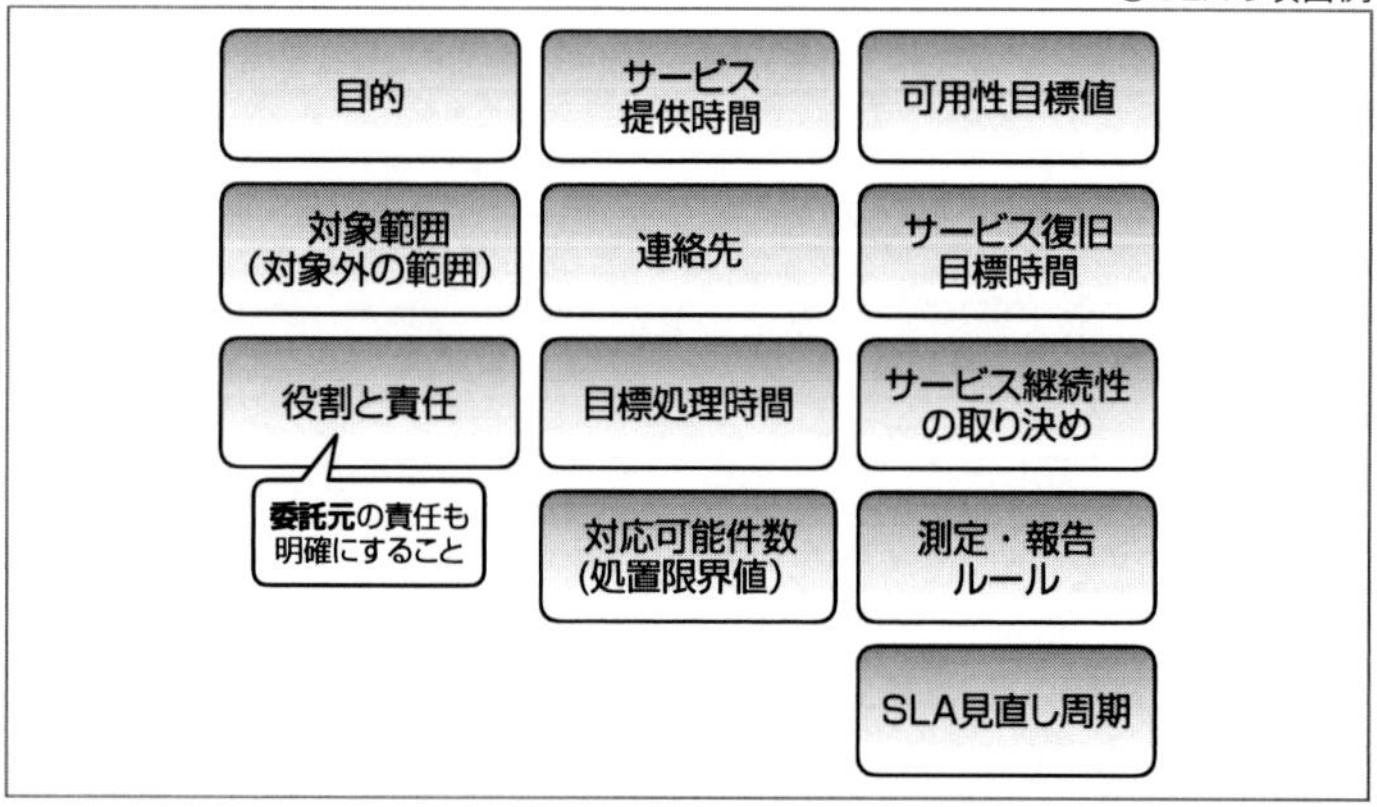

ないよう二重三重にシステムを作っておかなければならないですし、トラブル対応のためのシステムエンジニアも常に大勢スタンバイさせておかなければならないでしょう。

可用性は下図の3つの要素から成り立っています。

サービスレベル管理のフローや項目を詳しく学習したい方は、「新人ガール ITIL使って業務プロセス改善します！」（シーアンドアール研究所刊）も参照してみてください。

契約時のポイント

契約時のポイントを、契約前と契約後に分けて紹介します。

契約前のポイント

委託先と契約する際のポイントは3つです。

◉可用性の3つの要素

①可用性

SLAで合意したサービス提供時間のうち、実際にサービスが稼動している時間の割合。

$$可用性(\%) = \frac{合意済サービス提供時間 - 停止時間}{合意済サービス提供時間} \times 100$$

②信頼性

サービスにおけるトラブルや不具合発生の少なさ。

$$\begin{array}{c}信頼性（時間）\\（平均インシデント間隔）\end{array} = \frac{使用可能時間}{サービス中断の回数}$$

③保守性

サービスにおけるトラブルや不具合からの回復の早さ。

$$保守性（時間） = \frac{総停止時間}{サービス中断の回数}$$

●監査権の掌握

監査権の掌握とは、平たく言うと、セキュリティインシデントなどが発生しないよう（あるいは発生したとき）に、委託先の居室などに立ち入って執務状況や対策状況の確認や監督できる権利を確保しようということです。情報セキュリティ監査、ISO関連の監査など、監査にも目的に応じてさまざまな種類があります。どのような監査が必要になりそうか、要件を確認して監査権を契約書で謳っておきましょう。

●セキュリティ対策の義務付け

重要な情報を委託先に預ける場合、委託先にも自社同等（あるいはそれ以上）の情報セキュリティ対策を義務付ける必要があります。

可能な限り「セキュリティチェックリスト」などを事前に委託先に配布し、セキュリティの対策状況や今後の計画を確認しましょう。加えて、契約する前に

◉契約前の3つのポイント

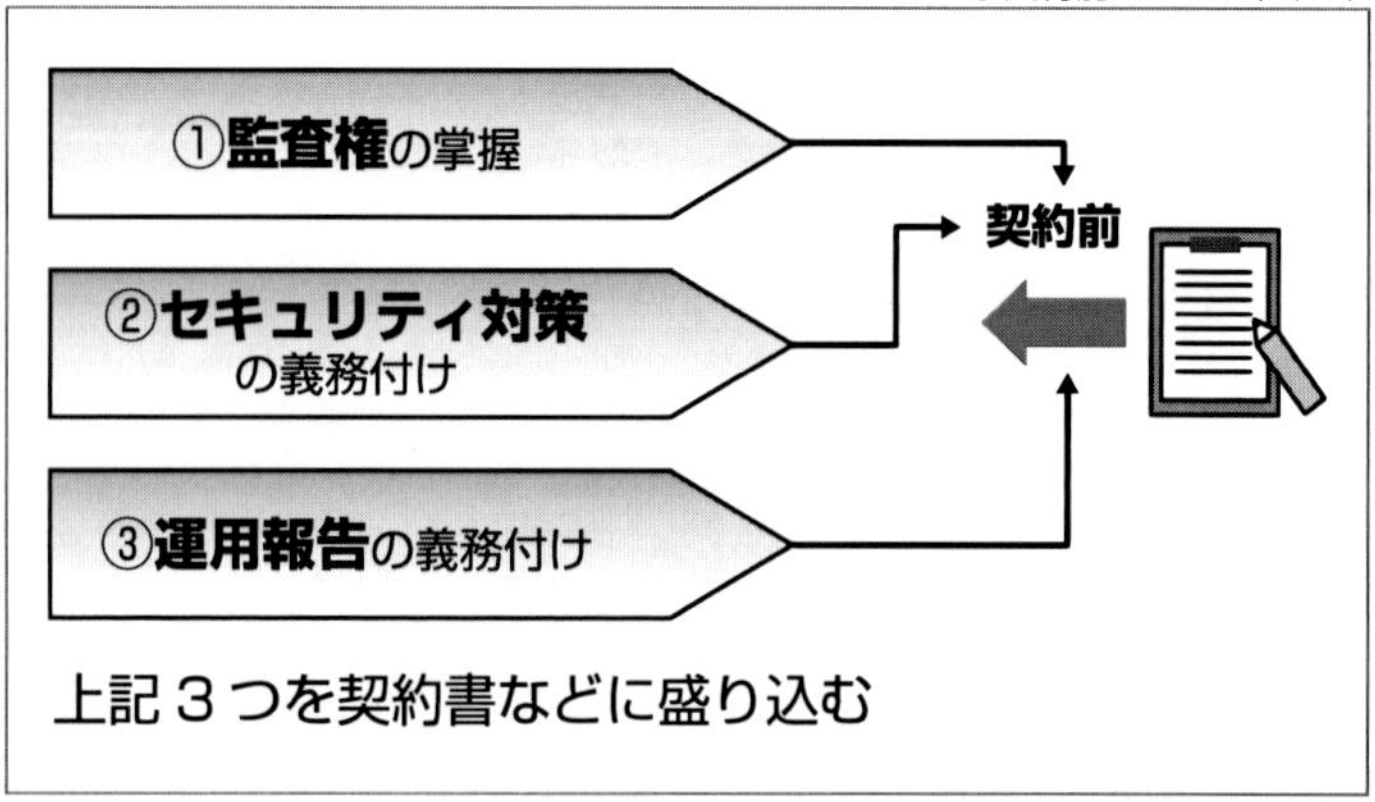
①監査権の掌握
②セキュリティ対策の義務付け
③運用報告の義務付け
契約前
上記３つを契約書などに盛り込む

データセンタや執務室を見学することもお勧めします。

入室は秘匿上の理由により断られるケースもありますが、居室の外から様子を見るだけでも、現場のセキュリティ意識レベルや雰囲気を知ることができます。また、見学する姿勢を示すことで、委託先のセキュリティ意識を高める効果もあります。

●運用報告の義務付け

運用状況やセキュリティ対策などの整備状況を委託先から報告を受けるようにしましょう。

報告方法、フォーマット、頻度（週次、月次、四半期単位など）はＳＬＡなどで定義します。

◉義務付ける必要があるセキュリティ対策

契約後のポイント

契約後のポイントは、次の点になります。

- 各種監査の実施
- 運用報告の実施

委託先と取り決めた契約やSLAに基づき、監査や報告を実施します。

再委託、再々委託の確認

委託先が1社体制でその業務を運営するとは限りません。いわゆる「二次請け」「三次請け」など再委託先、再々委託先が存在するケースがあります。

これらの再委託、再々委託先を把握し、セキュリティ管理体制を確認することはもちろん、委託先に必要なセキュリティ対策や教育を徹底させる（場合によっては委託元が直接教育する）必要もあります。

◉業務委託時のセキュリティ対策チェックリスト

業務委託時のセキュリティ対策チェックリスト

分類		チェック項目			回答欄（○か×）	記述
1	サーバや執務室へのアクセス	1-1	データセンタへの入館およびサーバ室への入室	データセンタ及び執務室は権限のある人以外は入退室できないようになっているか？		
		1-2		第三者（保守業者等）がデータセンタ及び執務室に入る際の手続きが定まっているか？		
		1-3		データセンタ及び執務室はカメラによる監視がなされているか？		
		1-4	サーバの操作	サーバは権限無き人が触れることができないよう施錠等の対策がなされているか？		
		1-5	入退室記録	データセンタ及び執務室への入退室の記録を残しているか？		
		1-6		入退室日時を追跡できるようになっているか？		
		1-7		入退室記録は最低1年間保管しているか？		
		1-8	入退室記録の確認	入退室記録は定期的に管理者が内容の確認を行っているか？		
		1-9		当社の要求により、入退室記録を報告できるようになっているか？		
		1-10	持出し・持ち込み	データセンタや執務室の持ち出し及び持ち込みに関するルールがあるか？		
		1-11		持ち出し及び持ち込みを行う際は、管理者の承認を得ることになっているか？		

委託先のセキュリティ管理体制を把握する

再委託先を含む、委託先の情報セキュリティ管理体制や連絡先、情報セキュリティインシデント発生時の連絡フローなどを事前に確認しておきましょう。

下図は、NTTデータの情報セキュリティマネジメント体制図です。

委託先・再委託先の個人を把握する取り組み

NTTデータでは購買部門が主管となり、委託先と再委託先の要員を把握する取り組みを行っています（「CURE」（キュア））。

◉NTTデータの情報セキュリティマネジメント体制図

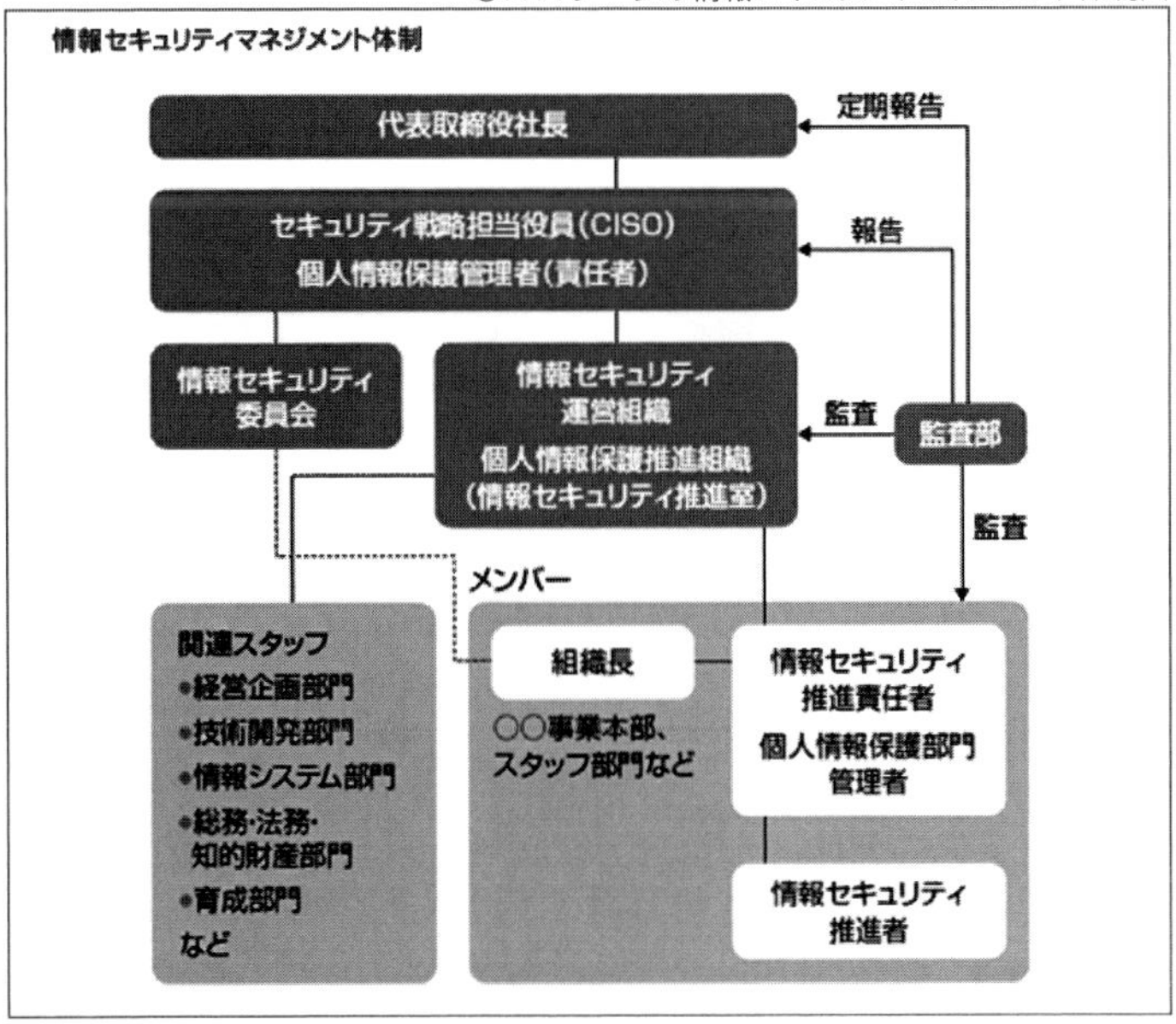

※株式会社NTTデータのホームページより

同社は、委託先・再委託先を含むすべての要員に氏名、所属会社情報、誓約書などを提出させ、引き換えに各要員のアカウント（ユーザーID）を発行します。アカウントは、その業務委託契約または派遣契約の情報と関連付けられ、「いつ」「誰が」「どの案件（契約）に参画していたか」がわかるよう管理されます。アカウント管理のシステムは契約システムと連動し、契約終了に合わせてアカウントが自動的に無効になり、同社のシステムの利用やビルへの入退館ができなくなります。

外部要員のセキュリティ遵守の意識を高めるとともに、契約終了後の不正行為を防止し、かつセキュリティインシデントが発生したときのトレーサー

◉NTTデータの委託先、再委託先管理「CURE」の事例

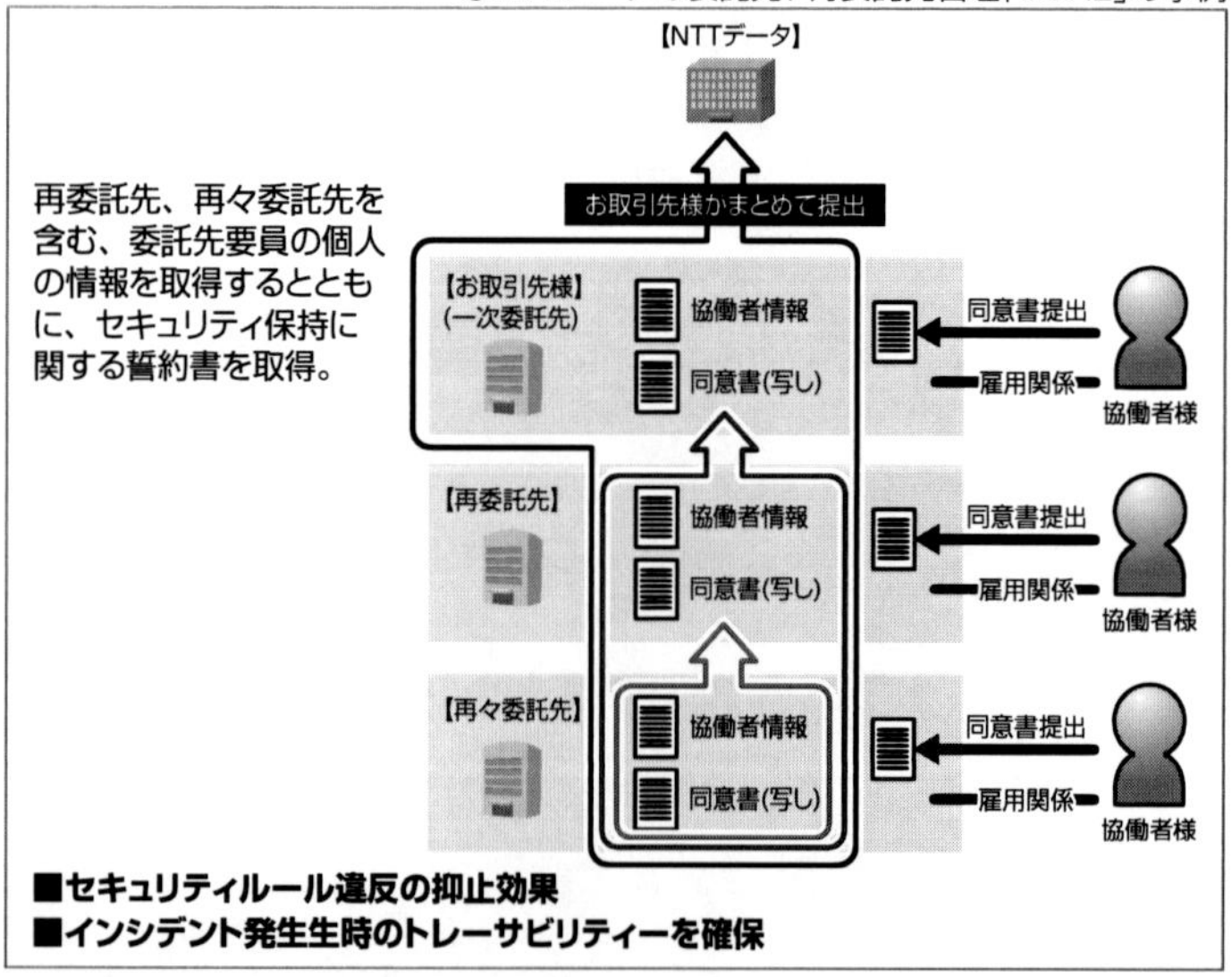
【NTTデータ】
お取引先様がまとめて提出
再委託先、再々委託先を含む、委託先要員の個人の情報を取得するとともに、セキュリティ保持に関する誓約書を取得。
【お取引先様】（一次委託先）
【再委託先】
【再々委託先】
協働者情報
同意書(写し)
同意書提出
雇用関係
協働者様
■セキュリティルール違反の抑止効果
■インシデント発生生時のトレーサビリティーを確保

※株式会社NTTデータのホームページより

ビリティ（追跡可能性）確保にも寄与する仕組みと言えるでしょう。

「自社の企業ブランドを守る」

近年、委託先や再委託先の過失によるセキュリティインシデントが目立っています。

ベネッセの会員情報流出事件は記憶に新しいでしょう。2260万件の個人情報の漏洩、賠償金総額は200億円以上、さらに社会的な信用損失のインパクトはそれ以上と言われています。ニュースで報じられている通り、この事件はベネッセの再委託先の不正行為によるものです。にもかかわらず、発注元のベネッセの管理責任が問われブランド毀損の痛手を負いました。

不正行為の対策さえすれば安心…というわけにはいきません。第1章で学習した通り、セキュリティインシデントの原因の多くは「非悪意」の過失によるものです。

いかに委託先や再委託先の人的ミスを防ぐか？　あるいはミスが発生したときの被害拡大を防ぐか？　委託元の担当者は、管理体制、教育体制などを委託先と協議し、徹底させる必要があります。また定期的に業務の状況やセキュリティ対策の実施状況を、現場に出向いてでも把握する責任があります（マル投げではダメなのです！）。

委託先を選定・管理する担当者は、自社の企業ブランドを守る責任を負っていることを忘れないでください。

小さな会社のセキュリティの工夫

気が付けば6月もあと3日で終わろうとしていた。水曜日の午後、あやねは山手通りを走る路線バスに揺られていた。中目黒にあるサトシの勤務先を訪問するためだ。6月は祝日が1日もない。去年まで気楽な学生だった新入社員には、殊更しんどい月だ。たまには息抜きもかねて外出したいな。「セキュリTeaTime」のネタ探しも兼ね、あやねはオフィスを出た。

株式会社ペガサスフロンティア。3年前に出来たばかりのインターネットサービスのベンチャー企業だ。社員数は40名。中目黒駅近くのキレイなビルのワンフロアに居を構えていた。エレベーターで7階に上がる。あやねは無人の受付の真新しいディスプレイでサトシの部署名をタッチし、受話器を持ち上げた。

「お、7階に着いた？　ちょっとそこで待ってて。今すぐ行くから」

いつものサトシとはちょっと違う、落ち着いた低い声が帰ってきた。職場だからかな。きっとあやねも仕事場にいるときは、普段と違って見えるのだろう。そんなことを考えながら、後ろを振り返る。

大きな窓の明るいオフィス。背面から差し込む光が心地よい。

「こんにちは」

「ご用件はお伺いしていますか？」

受付の前で待っていると、社員が明るく挨拶や声がけをしてくれる。

――他人に無関心で挨拶の少ない、どこかの会社とは大違いだわ。

自分の職場と比較し、あやねは小さなため息をついた。

――そういえば…。

あやねはあることに気がついた。通りがかる社員と思しき人たち。首から提げているＩＤカードのストラップの色が人によって違う。黒、赤、黄色の3種類があるようだ。色の違いに何か意味があるのだろうか？　その時、受付横の扉が開いた。

「お待たせ。ようこそ、ペガサスフロンティアへ」

サトシはホテルのボーイさんさながら、深々とお辞儀をしてあやねを迎えた。意表を突かれたあやねは、くすくす笑いながら後に続く。会社ではサトシはどんなキャラで通っているんだろう？

あやねは応接室に通された。北欧デザインかな？　黄緑色のスタイリッシュなソファと明るいウッドのテーブルが並ぶ。とことんオシャレなオフィスだ。

薄い壁越しに社員同士の会話が聞こえてくる。すぐ隣は会議室のようだ。声、まる聞こえだけれど大丈夫なのかな？　そう思っていたら、サトシは壁の白いパネルをポンと押した。

『チョロチョロチョロチョロ…』

スピーカーから、川のせせらぎの音が流れてきた。これは、もしかして…

「これって、トイレにあるアレだよね？」

まさに、女子トイレの個室に設置してある水流音発生装置だ。

「そう。これならこっちの声が向こうに漏れることもないし、あっちの声が聞こえることもないっしょ？」

——なるほど。これもセキュリティ対策なんだ！

「小さな会社だから、社内会議室と離れたところに応接コーナーを構えるお金もないしな。工夫しないと」

あやねは今までセキュリティって金食い虫だと思っていた。小さな会社でもお金をかけずにできるセキュリティってある。この事例は「セキュリTeaTime」で紹介しよう。あやねは手帳を開いてメモをした。

サトシはiPadをディスプレイにつなげて、会社説明を始めた。スタイリッシュな背景とフォントのスライドが次々と画面を流れる。今までふざけているところしか見たことがないサトシが、真剣な顔付きで仕事の話をしている。あやねは馴染みの横顔を、不思議な気持ちで眺めた。

『コンコンコン』

「失礼します」

応接室の扉が開く。パンツスーツの、髪の長いきれいな女性が立っていた。真っ赤なインナーがまぶしい。あやねとサトシよりも少し年上かな？

「紹介するよ。同じチームの先輩の、細江菜々美《ほそえななみ》さんだ。細江さん、こちら大学の同期の、菊川さん」

「はじめまして、菊川さん。細江と申します」

菜々美は品の良い笑顔を見せて、名刺を差し出した。あやねもあわててバッグから名刺入れを取り出す。

「は、はじめまして。えっと、私はサトシ…じゃなかった、榛原さんの大学時代からの友人で、菊川あやねと言います。よ、よろしくお願いします」

包容力のある表情で微笑んでいる菜々美。あやねは、自分よりも遥かに大人な雰囲気に圧倒された。

会社説明と、お互いの仕事の内容の話が一通り終わり、3人は世間話に花を咲かせる。あやねが知っている、いつものサトシになってきた。あや

ねも昔話をして、無邪気にはしゃぐ。
——ふうん、この子がサトシのねぇ…。
菜々美はそんなあやねに、冷ややかな視線を送った。

第4章

アナログな部分の管理こそ重要

オフィスの情報セキュリティ対策4つのポイント

翌朝はいつもより三十分、早く出社した。昨日の外出中に溜まった仕事を片付けるためだ。また、サトシの会社で学んだセキュリティ対策のネタを、記憶が新鮮なうちにまとめておきたいと思ったのだ。もちろん、都田にも早く共有したい。

執務室の扉を開けると、すぐ隣の打ち合わせコーナーに人の気配を感じた。富士が珍しく意気込んだ様子でホワイトボードの前に立って唸っている。いつも遅刻ギリギリの富士が、こんな朝早くに居ること自体、驚きだ。

「おはようございます。今日は早いんですね」

「ああ、キクちゃん。おはよう」

富士はもしゃもしゃの頭をかきながら、振り返る。

「どうしたんですか？　こんな早くから」

ホワイトボードには、富士の雑な字で「霧畑《きりはた》牧場とコラボ：ホワイトチョコポテトチップス」の文字が躍っている。霧畑牧場といえば、人気急上昇中の北海道の牧場だ。ソフトクリームやチョコレートなどのスイーツが話題になっている。これって、もしかしたらもしかして？

「その通り。新企画の提案をまとめているんだ。霧畑牧場のホワイトチョコ。あれをウチのポテトチップスと組み合わせたコラボ新商品を社内提案しようと思ってさ」

富士はいつになく熱く語った。脇の椅子には、提案書と思われる紙の資料が何部か積まれていた。

「わぁ、すごくワクワクしますね。詳しく聞かせてください！」

あやねもテンションが上がる。

――へえ、富士さんてやる気のない人だと思っていたけど、そうじゃなかったのね。

あやねは富士を見直した。仕事に情熱を燃やす人の横顔は、いつだって輝いている。富士が説明を始めようとしたとき。

「悪い、富士くん。ここ打ち合わせで使いたいんだけれど、いいかな？」

宣伝チームの三島課長が介入した。後ろに、取引先らしき人たちを率いて待っている。

「あ、いいですよ。すぐどきます」

富士とあやねは資料を手早く片付けて、その場を去った。

＊＊＊

次の週末、事件は起こった。

7月2週目の日曜日の早朝。あやねはけたたましい着信メロディとともに日を覚ました。布団の中から左手を伸ばして、スマートフォンをようやく掴む。ディスプレイには富士の名前が。休みの日のこんな朝早くから、いったい何があったんだろう。

「ふぁい、菊川です。どうしたんですか？　こんなに朝早く」

あくびまじりで、ぼおっと応えるあやね。富士のトーンは対照的だった。

「おい、大変だ。今、あけぼのテレビのモーニングワイド見ているか？」

「いえ、寝てましたよ。ええと、いまテレビつけますね。ううんと…『霧畑牧場コラボ！　ホワイトチョコポテトチップスを発表』。おお！　富士さん、やりましたね！　あの企画が実現したんですね」

あやねは嬉しさでガバッと飛び起きた。こんなに短期間でプレスリリースまでこぎ着けるなんて、凄い！　凄すぎる！

「馬鹿、画面のテロップのメーカー名をよく見てみろ」

「ええと、『イナサ食品』。ええっ!?　イナサって、ウチの競合じゃないですか!?　なんで？」

あやねは目をこすり、顔を近づけて画面をよく見てみた。結果は同じだ。イナサ食品って書いてある。いったいなぜ？

「企画が盗まれたに違いない。くそっ！」

富士の悔しさが電話越しに伝わってきた。

＊＊＊

翌朝。部内は騒然としていた。

富士の企画提案は、先々週の木曜日、あやねが打ち合わせコーナーで富士からコラボ企画の話を聞いたその日のうちに営業企画部長プレゼンを通過していた。いよいよこれから霧畑牧場側との調整を行おうとしていた矢先のこの事件、部内の関係者のショックも相当なものだ。

朝イチの応接室。あやねは落ち込む富士と向き合って座っていた。どのようにして企画が盗まれたのか？　原因をきちんと分析して対処したかったからだ。都田にも同席してもらう。

富士の推察はこうだ。

あの日、宣伝チームの三島課長が来て富士とあやねは急いでその場を立ち去った。そのとき、ホワイトボードには文字が残ったままだった。

そのまま、三島と取引先の人たちが打ち合わせコーナーを使う。あの顔ぶれは、確か三ケ日《みっかび》クリエーションの担当者だ。三ケ日は営業企画部とそこそこ取引のある制作会社だ。おそらく三ケ日の担当者が企画書を盗んだのではないか。三ケ日はイナサとの取引もある。

三島はあの日、三ケ日クリエーションの担当者を呼んで今後しばらく取引を中止したい旨の話をしたという。三ケ日には、これまで何度か販促物の制作をお願いしたが、価格と品質に満足できなかった。よって他の制作会社を使うことにしたらしい。つまり、三ケ日にしてみたらこれ以上カナヤに義理を尽くす必要がなくなったのだ。そこで、さっさとイナサに寝返ったのであろう。

「そういえば、あの後、気付いたんだ。企画書が一部足りないってね…」

富士は記憶の糸を手繰り、ぽつりぽつり話した。

「あのとき、三島課長に言われて打ち合わせコーナーを出ていったとき、たぶん一部置き忘れたんだと思う。後で確認しに戻ったら、そのときはすでになかったけれど」

おそらく三ケ日の担当者が持ち去ったのだろう。しかし、それを示す証拠などない。結局、泣き寝入りするしかなかった。

「チキショウ、これからだったのに！」

拳を机に叩き付ける富士。そのまま扉を出てどこかに行ってしまった。

あやねも悔しさで胸がいっぱいだった。大事な自分の先輩が、目を輝かせて取り組んでいた仕事がこんな形で台なしになるなんて…。たった1件のセキュリティインシデントが、そこで働く社員たちの夢と希望と情熱と、そして笑顔を一瞬にして奪ってしまう。二度とこんな思いしたくない。

「もっと早く手を打っておくべきだった…」

都田も眉間にしわを寄せ、両手を膝の上で組んで俯いている。

「いままで電子情報の管理にだけとらわれすぎていた…。セキュリティインシデントは電子以外の手段、紙媒体や会話などを通じて起こることが多い。アナログな部分のセキュリティ対策を早急にしなくては！」

都田は力強く立ち上がった。

アナログなセキュリティ管理

　サーバーのアクセス管理で説明したように情報セキュリティはＩＴだけでは実現できません。むしろＩＴ以外のアナログの部分が非常に重要です。ここではアナログ的なセキュリティ管理の４つのポイント「入退室管理」「コミュニケーション改善」「印刷物管理」「職場の５Ｓ」を紹介しましょう。

入退室管理

　サーバーのアクセス管理でも紹介しましたが、オフィスを区画（エリア）に分割し、それぞれの区画に入ることができる人を決めることも大切です。一般的には社員だけが入ることができる執務エリア、誰でも入ることができる公開エリア、社員と社外の人が打ち合わせをするための応接エリアなどを用意することが多いでしょう。

　必要に応じて執務エリアを複数に分割することもあります。業務のアウトソースなどで協力会社、委託先会社社員などが執務室に席を持っている場合、必要に応じて執務エリアを複数に分割し、それぞれのエリアに誰が入ってよいかを決めます。多くの場合、社員はいずれの区画にも入ることができるが、協力会社社員は自分の区画しか入ってはいけないルールになることが多いでしょう。

異なるエリアをまたがったコミュニケーションが必要になる場合は多いと思います。それが可能となるように、両者が入ることが可能な区画に打ち合わせのためのスペースを用意するとよいでしょう。場所に余裕があれば、打ち合わせのための専用のコミュニケーション区画を用意するのも効果的です。

このように区画分けとルールが決まったら、それを守るための仕組みが必要です。

執務エリアと公開エリアの間にはＩＣカードなどで解錠を管理するゲートが用意できるとよいのですが、コスト、面積、許可が下りないなどの制約で難しい場合は監視カメラを設定することで牽制効果を狙いましょう。

また、居室内を区画分けした場合、ルールを徹底するのは簡単ではありません。ルール違反が行われた場合、周りにいる人がすぐに気が付くことが、ルールを守らせる立場からも牽制の立場からも重要です。

１つの方法は利用者の分類に応じてストラップの色を分けることです。前述の例では、お客様（公開エリアと応接エリアのみ）、社員（すべてのエリア）、協力会社社員（公開エリア、応接エリア、協力会社エリア）ごとにストラップの色を変えました。こうすれば、本来入ってはいけないエリアに入った場合はその人が誰か知らない人でも気が付きますし、本人にとっても牽制効果となるでしょう。可能であればエリアごとに床の色を変える、簡単なゲート的なものを設置するなども有効でしょう。

コミュニケーション改善

コミュニケーションの改善は情報セキュリティの強化にも有効です。

朝、オフィスに来たとき、退社するときに周りの人に声をかける、人とすれ違ったら挨拶をする、知らない人がいたら声をかけるなどはオフィスのコミュニケーションをよくするだけでなく、侵入した不審者を早期に発見する、不審者が居室の奥深くまで侵入するのを防ぐ、社員が不正をはたらこうとしているのを止めるなど情報セキュリティにも有効です。

また、身分証を胸のわかりやすい位置に付ける、ノートPCを利用している場合はノートPCの背面に名前を表示するなど自己紹介を定常的に行うことも有効です。特に人の出入りが多いオフィスでは、見たことがない人がオフィスにいても不思議に思わない場合が多くなってしまい、不審者にとっては侵入がやりやすい環境とも言えます。オフィス配属時の自己紹介、社内ポータルでの紹介なども併せて、オフィスメンバーをお互いが認識することも大切です。

印刷物管理

オフィス業務にとって紙はとても大切です。日常業務のいたるところで紙や印刷物が出てくるオフィスは多いでしょうし、ペーパーレスが浸透しているオフィスでもお客様や取引先とのやり取りでは紙が必要になることがあるでしょう。

情報セキュリティ上、印刷物の管理で有効な対策を4つ紹介します。

情報の公開範囲、印刷者の明記

印刷物には、情報の公開範囲(社外秘、公開、秘密)と印刷した人を明記するようにします。プリンターを設定することで自動的に印刷されるような機能がある場合はそれを利用します。

印刷物にこれらの情報が記載されていると、情報を受け取った人がその情報をどう扱うべきかがわかりますし、扱いが不明な場合に誰に確認すればよいかもわかります。また、自分の名前が記載された資料はおのずと丁寧に扱うようになるでしょうし、利用しなかった資料はしっかり廃棄することが期待できます。

認証付きネットワークプリンターの利用

予算的に可能であれば、認証機能付きのネットワークプリンターを利用しましょう。これらの機種は「いつ、誰がどんな文書を印刷したか」の記録をとる機能、いったん印刷した後でプリンターにICカードをかざすと印刷が始まる、紙文書をスキャンしてPDFに変換する機能などが付いていることが多く、紙文書のセキュリティを高めるとともに、紙を減らすことにも有用です。

裏紙は使わない

エコの観点から、一度利用した紙を再利用して裏紙に印刷することが流行った時代がありましたが、情報セキュリティの面では勧められません。

紙の消費量を減らすには、両面に印刷できるプリンターを利用し、両面印刷をデフォルトに設定しておきましょう。さらに、紙の一面に2枚を印刷する（2アップ印刷などと呼びます）ことで紙の消費量を最大4分の1に減らすことが可能です。もちろんペーパーレス化もエコには有効でしょう。

プリンターの設置位置

セキュリティとコミュニケーション強化の両面からもプリンター・複合機はオフィスの端ではなく、人通りが多いところに設置しましょう。

不適切な資料のコピー、印刷を試みるものにとって人通りが多いのは牽制効果を持ちます。また、コピーや印刷中は手持ち無沙汰になりがちですので、そこを通りかかった人との間にコミュニケーションが自然発生することも期待できます。

職場の5S

「職場の5S」を聞いたことがありますか？　職場の5Sとは製造業やサービス業などの業界において職場環境を維持する際に重要な5つの行動を定めたものです。5つの言葉がすべてサ行の言葉で始まることから頭文字をとって5S活動と呼ばれています。この5Sは情報セキュリティの確保においても重要で効果的なものです。

- 整理（せいり）……必要なものと不要なものを分け、不要なものを捨てる。
- 整頓（せいとん）……必要なものを決められた場所に置き、いつでも利用できる状態にする。
- 清掃（せいそう）……職場の掃除を行い、同時に点検を行う。
- 清潔（せいけつ）……職場のきれいな状態を維持する。
- 躾（しつけ）……決められたルールや手順を守る。

職場内の情報を重要なものとそれ以外に分けることは情報セキュリティの基礎ですし、職場が整頓されていることはミスによるセキュリティ事故を防ぎます。職場の掃除は情報の機密性を守り、点検は可用性を高めます。

5Sの観点からオフィスで定めるべきルールをいくつか紹介しましょう。

応接室の利用ルール

ホワイトボードは利用後、きれいに消す。部屋は常にきれいな状態に保つ。持ち込んだ資料はすべて持ち去ること。

●オフィスのルール

当番を決めて掃除を行う。紙置き場、ごみ箱、コピー機周りは常に清掃を行う。ロッカー、通路は共有のものであり、個人のものを放置しない

●自席のルール

卓上は帰宅時には何もない状態を保つ。離席時はＰＣをシャットダウン、もしくは画面をロックする。

職場をきれいに維持することは情報セキュリティの維持にとっても重要です。気持ちの良いオフィスで情報を守るように心がけましょう。

フロアの大改造が始まった

「すみませんが、社外の人とのお打ち合わせは応接コーナーでやっていただくルールになりました。どうぞ、外でお願いします」

あやねは、宣伝チームの島の椅子でふんぞりかえるクリスに毅然と忠告した。クリスは、不服そうな目付きであやねを一瞥し、フンと鼻息をついて出て行った。

今回の企画漏洩騒ぎを受け、あやねと都田は8つのオフィスのルールを決めて部内に周知し、運用を開始した。

(1)フロアを3つの区画（エリア）に分類

①パブリックエリア：エレベータホール、トイレ、受付、応接室、応接コーナーなど、社外の人も出入り可能

②執務エリア：事務室全般。社員と出入りを許可された人（派遣社員、協力会社スタッフなど）のみ出入り可能

③サーバールーム：営業情報管理システムのサーバーが配置されたスペース。企画管理チー

ムが都度、事前承認した人のみ出入り可能。サーバールームの鍵は企画管理チームのメンバーが管理し、出入りの都度解錠し立会う。入退室記録は、管理簿に記録する。出入りはカメラで監視される

(2)入室者へのストラップの着用義務付け

①オレンジ：営業企画部の社員に配布

②赤：営業企画部に常駐する外部スタッフ（派遣社員、協力会社スタッフ）に配布

③黄：一時入室者（他部門の社員、フロア清掃員、非常駐の協力会社スタッフなど）に貸与

④緑：サーバールームの入室を許可された人に一時貸与

ストラップは各自の社員証（ＩＤカード）に括り付け、首から常時、提げてもらうこととした。

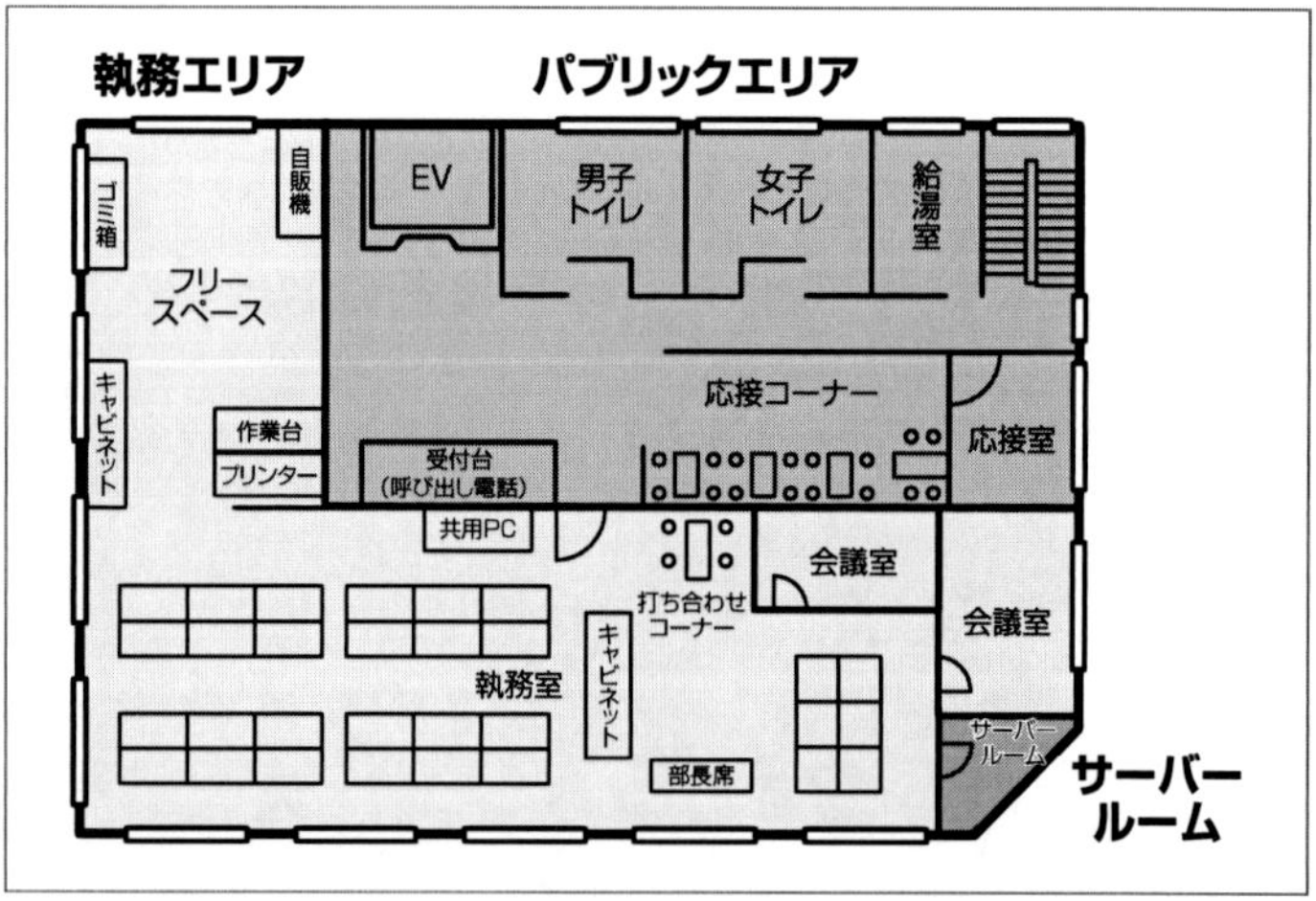

(3)資料の情報の格付け

資料の左上に必ず「情報ラベル」を明記するよう義務づけた。

①情報種別：「厳秘」「秘密」「公開可」のいずれか

②公開範囲：例　営業企画部限り、社内限り、営業企画部社員限り、本人限り

③情報所有者：例　営業企画部　宣伝チーム

(4)「裏紙」の利用禁止

秘匿情報が印刷されている可能性があるため。

(5)資料廃棄方法のルール化

必ずシュレッダーで裁断する。

(6)プリンターの設置位置変更

オフィスの端、人目のない一角に設置されていたプリンターをフリースペース付近の動線上に移設。

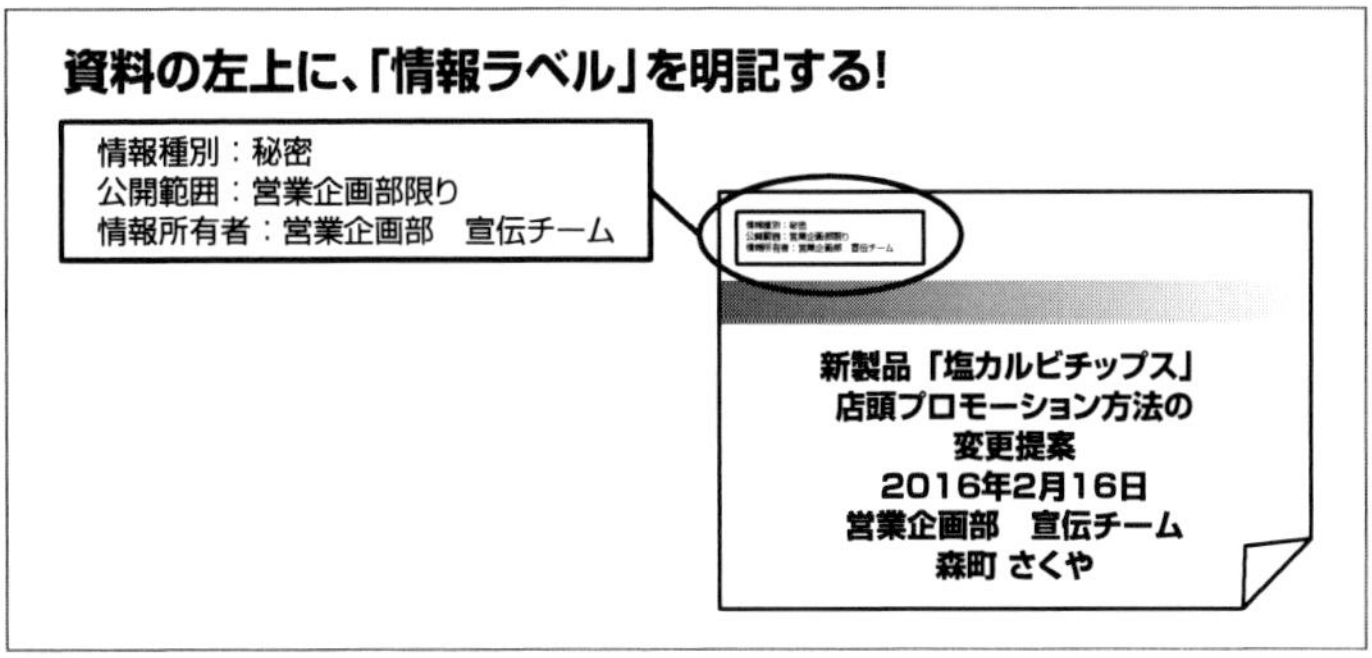
資料の左上に、「情報ラベル」を明記する！
情報種別：秘密
公開範囲：営業企画部限り
情報所有者：営業企画部　宣伝チーム
新製品「塩カルビチップス」
店頭プロモーション方法の
変更提案
2016年2月16日
営業企画部　宣伝チーム
森町 さくや

(7)会議室、打ち合わせコーナー、応接コーナーの利用ルール設定
①ホワイトボードは使用後、必ず消す
②資料を残さない
③当番制で毎日、終業直前に掃除を行う

(8)パブリックエリアでの声がけ徹底
受付付近に外部の人(=ストラップ非着用者)がいたら必ず声をかける(「当社の者が、すでにご用件を承っておりますでしょうか?」)

併せて、サーバールーム同様、執務エリアの入り口にも監視カメラを設置。入退室の様子を記録することとした。

色付きストラップは、サトシの勤務先の取り組みを参考にした。ストラップの着用有無や色で、執務エリアやサーバールームへの部外者(無許可者)の入室を防げる(気付ける)ようになった。また、全員が社員証をきちんと首から提げるようになってから、会議や打ち合わせで皆、自然と相手の名前を呼ぶようになった。お互いの名前が見やすく、認識しやすくなったからかもしれない。いままでは、初対面の相手でも名前がすぐわかる。

情報ラベルを表記するようになってから、居室周りの紙資料の散乱が徐々に減ってきた。最近では、「秘密」と書かれた資料が放置されているのを見ると、反射的にぞっとする。

プリンターの移設も正解だった。コピーを取っている間、目の前を社員が行き来する。通りすがりの社員同士の挨拶や会話が生まれるようになった。また、それまでは置き忘れた書類が放置されたままの状態が目立ったが、いまでは通りがかりの人が「誰か、資料忘れていませんか？」と気付いて声を上げ、持ち主を確認するようになった。

「なんかセキュリティだけじゃなくてさ、コミュニケーションも少しずつ良くなってきたよね」

目を細めてつぶやく都田。あやねも同じことを感じていた。

情報のライフサイクルとは

ライフサイクルという言葉を聞いたことがありますか？　ライフサイクルとはあるものが生まれてからなくなるまでの状態の変化を表したものです。もともとは人間が誕生してから成長していく過程を説明するための考え方でしたが、現在はさまざまなものを理解し、説明するためにも使われるようになった考え方です。たとえば、社員のライフサイクルは入社から始まり、退職で終わりますが、その間にも出向、休職など、さまざまな変化があり、下図のように表すことができます。

ライフサイクルは状態を箱で、状態の変化（遷移と呼びます）を矢印で記載します。ある状態にあった情報が何らかのきっかけ（一定の時間が経過する、人から要求されるなど）により、別の状態に変わります。

◉社員のライフサイクル

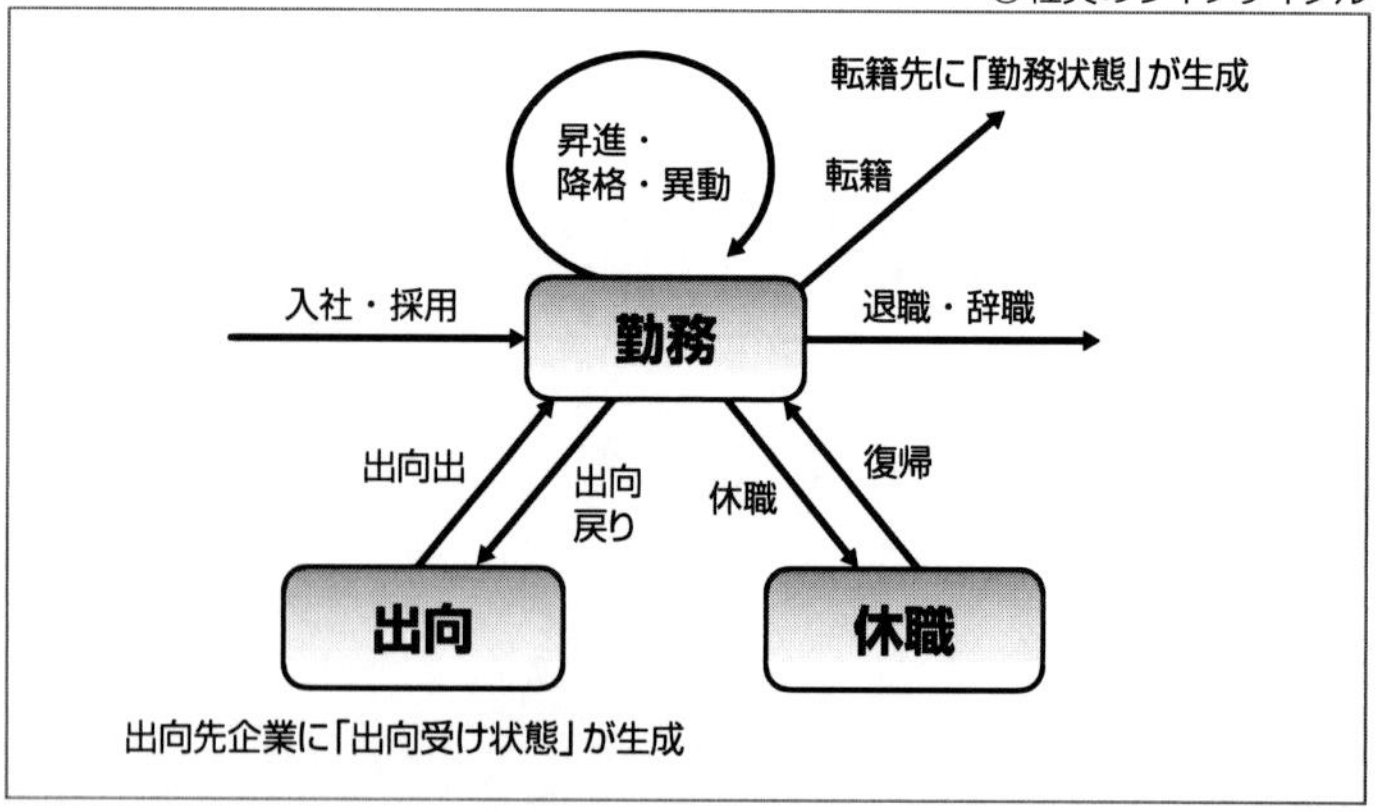

それでは企業における情報のライフサイクルの例を見てみましょう(下図参照)。

このライフサイクルでは企業が情報を入手、もしくは作成をしたのち、ルール上、定められた社員が承認することで正式に企業が管理する情報となります。情報は参照、変更、提供、バックアップなどの要求を受け、必要な判断が行われた後に実行されます。一定時間、利用がない情報は保管状態になり、その後、保管期限が過ぎると破棄されます。

このように、特定の状態にある際に、どういったきっかけで状態が変化し(もしくは元に戻り)、その際に何をすべきかを記載することで情報を適切に扱うためのルール、手続きを漏れなく定めることができます。

たとえば、情報が一定期間利用がないと保管状態になるというルールを実行するための仕組みを考え

◉情報のライフサイクル

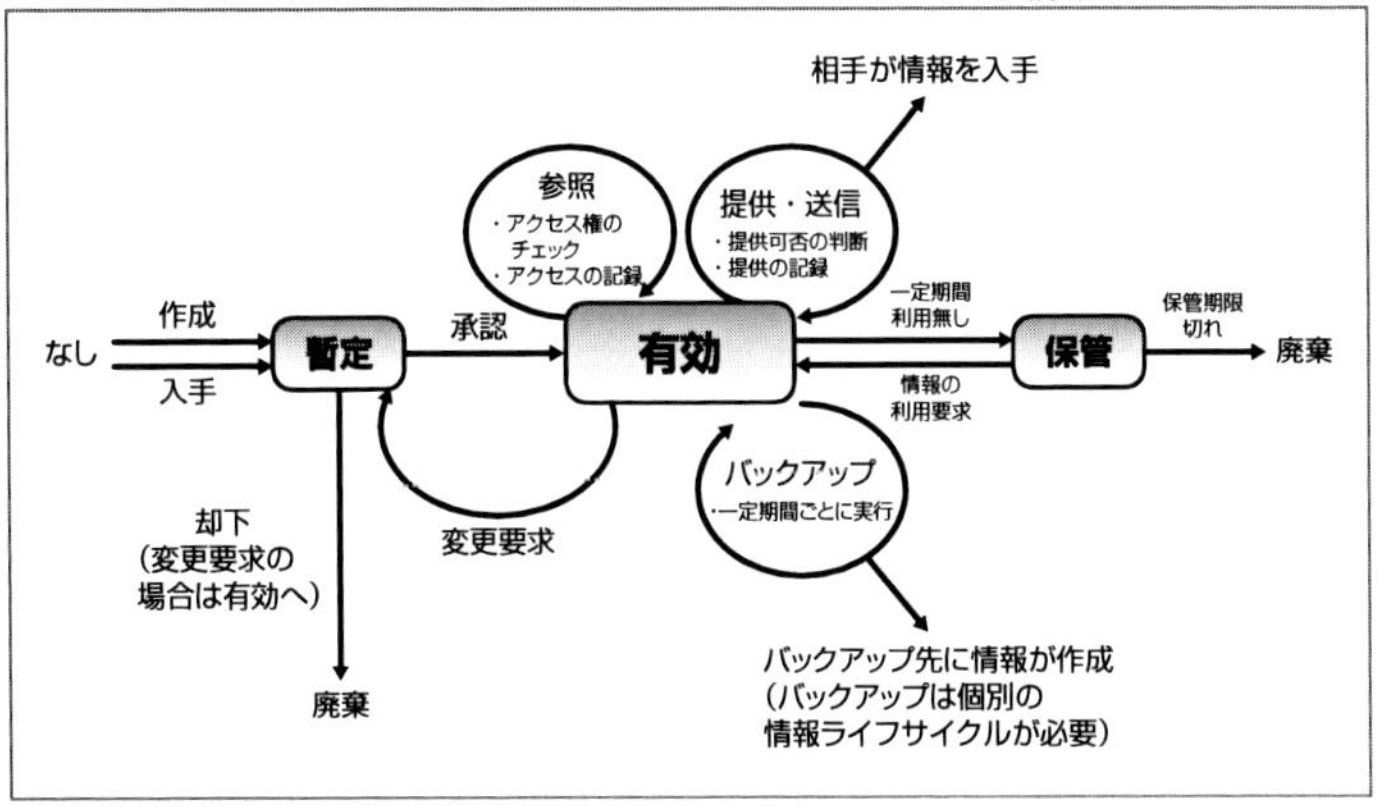

てみましょう。

まず情報が最後にいつ参照されたかを記録する必要があります。デジタル情報であれば情報の参照日時により取得可能ですが、紙の情報の場合は手動で参照日時を記録する必要があります。ファイルに管理簿を設け、参照もしくは利用した場合はその日時を記載するというルールが必要でしょう。

また、情報が一定期間利用がされていないことを確認することも必要です。デジタルの場合は定期的にファイルの参照日時と現在の日時を比較することでこれが実現できますが、紙の情報の場合は簡単ではありません。年に一度程度の頻度で情報の棚卸しを行い、ファイルごとに最終参照日を確認し、一定期間、参照がなければ保管庫に移動するなどを実施します。

これらのルールの中でも特に忘れやすいのが保管や廃棄のルールです。これらを定めなくてもすぐに困ることはありませんが、長時間の間に情報の管理状態が不明になり、そこから情報漏洩につながりかねません。不要になった情報が適切に廃棄されるためのルールと仕組みを検討しましょう。これはPCのライフサイクルでも同様です。不要になったPCを廃棄する、リースで借りたPCの期限が切れて返却する際にも内部の情報を適切に消去するようなルールと仕組みを決めておきます。

外での会話にも危険がいっぱい

次の月曜日、あやねは再び外出した。今回は富士も一緒だ。大手自動車会社、浜岡自動車から引き合いがあった。車の販促イベントにカナヤ製菓のお菓子を使いたいという。提案は富士が行うこととなった。そこに、あやねもついて行くことにした。社会勉強のためだ。相手先は購買部の土肥《とい》部長。なかなかの堅物らしい。うまく提案が通ればよいのだが…。あやねは、特急列車の車窓に広がる田園風景を眺めながら、ペットボトルのお茶を一口飲んで緊張をほぐした。

浜岡自動車の購買部門は、神奈川県の厚木の山奥にある。駅から事業所まではシャトルバスで移動する。改札口を出て、歩道橋を渡ると大きなバスターミナルが広がる。その向こうには、丹沢の山々が青空をバックに鎮座している。山はもうすっかり夏の装いだ。あやねは大きな空を何度も仰いだ。まもなく、白い車体の大型バスが唸りをあげてやってきた。

2人は奥の座席に並んで腰掛けた。昼下がりのバスはいい具合に空いている。10名程度のお客を乗せて、バスはターミナルを発車した。

のどかな景色の中をトコトコと走るバス。気を緩めると、うつらうつらしそうになる。あやねの目の前には、ガタイのいい短髪の中年男性の後ろ頭が揺れている。あやねは、その男性の首の皺を数えて目を覚まそうとした。だめだ、かえって眠くなる。あやねは眠気覚ましを兼ねて富士に質問した。

「ところで今回の提案、どのくらいの利益率を見込んでいるんですか?」

「40%は取ろう。相手は大手だし、がっつり儲けないとな。今日の見積もりも、だいぶ盛っておいた」

あくびまじりの返事が返ってくる。眠気を堪えていたのは、富士も同じだったようだ。

事業所に到着した。それまでのほのぼのとした景色は一転。緑豊かな森の中に、突如大きなビル群が姿を現す。まるで要塞のようだ。建屋には「101」「103」などの番号だけが無機質に振られている。

富士に続き、103と書かれたビルに入る。ビル内やエレベーターの案内もこれまた意味不明だ。「HC3」「AX0」など暗号のような文字が並んでいる。どうやら、部署名を示しているようなのだが、どこにどの部署があるのか部外者にはさっぱりわからない。これもセキュリティ対策なのかもしれないな。そんなことを考えながら、薄暗い廊下を歩いた。

購買部の応接コーナーに到着する。富士は受付台の内線電話の受話器を上げ、土肥購買部長を呼んだ。

「富士さんですか?　はじめまして、土肥です」

ほどなくして、土肥購買部長がやってきた。背が低くてガタイの良い、短髪の中年男性だ…。間違いない。シャトルバスであやねの目の前に座っていたあの人だ！　息を呑み、顔を見合わせる富士とあやね。

「ええ、御社は随分と儲かっていらっしゃるようですねぇ。利益率も高いようで…」

開口一番、嫌味を浴びせられる。返す言葉がなく、平謝りする2人。しまった、油断した…。

結局、今回の提案は受け入れられず、価格を見直して出直す羽目になった。

外出先の会話に注意

情報漏洩はウイルスやＰＣの紛失だけで起きるわけではありません。あやねと富士のように外出先での何気ない会話が取引先に聞かれていた、顧客との打ち合わせの後、打ち合わせが終わった開放感からエレベータの中で口をついたちょっとした軽口が顧客の同僚に聞かれていて、顧客に伝わってしまうなど、人間を介した情報漏洩も後を絶ちません。

自社の情報が漏洩してしまえば取引が不利になりますし、顧客の情報を漏らしてしまえば顧客からの信頼を失い、長期にわたってビジネスに影響をもたらしかねません。外出先での会話には注意しましょう。

基本的に外出中は常に情報漏洩に注意すべきですが、特に不特定多数が周りにいる場所（電車、バス、駅、空港、喫茶店、レストランなど）、顧客の関係者が多数いる可能性が高い場所（顧客のオフィス内、顧客オフィス近辺の飲食店など）では特に要注意です。

自社オフィスが共用ビルの場合は共用箇所の会話も注意が必要です。特にたばこ部屋、喫煙コーナーではついつい機密情報や同僚の話を口にしたくなりますが、そこはぐっと我慢しましょう。

また、外出先での会話は常にイニシャルなどを用い、実名を使わないような癖を付けることも有効です。「壁に耳あり、障子に目あり」ということわざもあります。外出先でのビジネスの会話は注意するに越したことはありません。

カフェコーナーがセキュリティリスクを減らす!?

——しまった、やってしまった。わたしは情報セキュリティ委員なのに…。

あやねは自分を責めた。本厚木駅から帰りの特急列車に乗り込む。2人が指定された座席は、車両の最後部だった。すぐ後ろのデッキから男性の声が聞こえる。どうやら携帯電話で仕事のやり取りをしているようだ。

「…いまから言うアドレスに振込先の口座情報をメールでお送りください。エム、オー、アール、アイ、アットマーク…」

列車の走行音に負けじと、滑舌良く大きな声で電話の向こうに相手に伝える。まるで、ご丁寧にメールアドレス情報を近くの他人に教えているようなものだ。こうして見ると、普段、無意識のうちに個人情報や機密情報を流してしまっているのかもしれない。気を付けなければ…。

富士もあやねもほとんど無言だった。とても呑気な世間話を交わす雰囲気ではない。重苦しい空気を運んだロマンスカーは、新宿駅の特急ホームに滑り込んだ。

「どうだ。景気付けに一杯やっていくか?」

改札口を出た後、富士がやっと声を発した。彼なりの気遣いなのだろう。しかし、あやねは今日はどうしてもそんな気にはなれなかった。感謝の気持ちだけを伝え、そこで別れた。

はぁぁ…。小さなため息を繰り返して、地下鉄のホームに向かう。ちらりとスマートフォンを見ると、メッセンジャーアプリにメッセージが届いていることに気付いた。サトシからだ。

地下鉄のシートに身をうずめ、しばらくサトシとやり取りする。最初はいつも通りのどうでもいい話、そのまま流れであやねは今日おかした失敗を告白した。自分は情報セキュリティ委員失格だ。仕事ができない人間なんだ。メッセージを書きながら、どんどん自分が惨めになっていく。うつむくあやね。と、そこに次のメッセージが届く。

「キミらしくないな。早く元気になってよ！」

え？　どうしたんだろう。いつもはテキトーで強引な感じのサトシが、今日はなんだか優しい。あやねは思わずウルッとなった。やがて、ふんわりとあたたかい気持ちになった。そういえば、サトシに「キミ」なんて呼ばれたの初めてかも。なんだかくすぐったい。…けど、とても心地いいな。あやねはそっと眼を閉じた。

——この失敗、無駄にしてなるもんですか！

立ち直りの早さだけは自信がある。サトシの励ましメッセージの後押しが加わり、あやねはすぐに気持ちを切り替えた。

＊＊＊

「外での会話には要注意！～壁に耳あり障子に目あり」

次号のセキュリティ「TeaTime」の見出しは決まった。あやねは自分の犯した失敗エピソードをもとに、外出時の会話の注意を促すメッセージをしたためる。

「外といえば、喫煙所も要注意だな。このビルの喫煙コーナーって、確か他のテナントの入居者と共用だよね？」

都田が口を挟む。営業企画部のフロアには喫煙所が設置されていない。喫煙者は、ワンフロア下の共用の喫煙コーナーを利用することになる。当然、そこには他の会社で働く人たちも出入りする。そう考えると、喫煙コーナーはセキュリティ面で危険な場所の1つかもしれない。「タバコ部屋コミュニケーション」なんて言いながら喫

喫煙室
タバコ部屋にも
セキュリティリスクが
いっぱい
健康リスクだけ
じゃないのね…

煙者同士が一緒に席を外すのをしょっちゅう見かける。もちろん、オフィスではしにくい会話ができたり、他チームや他部署の人同士で情報交換できたりと仕事上の効果もあるだろう。しかし、社外の人に筒抜けではさすがにまずい。たとえ秘匿情報が含まれていなかったとしても、「カナヤ製菓の社員は、公共の場所で仕事の話をべらべら話す」「セキュリティ意識が低い」と思われてしまう。むしろ、それが問題だ。あやねは以前、都田から教わった、企業を取り巻く6つの登場人物の絵を再び思い出した。社外の人にどう見られるか？　社員一人ひとりが意識しなくてはならない。

「では、外の例として喫煙コーナーを挙げておきますね。それと、エレベーターやカフェ、レストランなども入れておきます」

あやねはノートＰＣのキーボードをカタカタと打った。

――そういえばこの間、同期の優衣と駅前のカフェで社員満足度調査の話を大声でしちゃってたな…。あれもまずかったかもしれない。

記事の原稿を書きながら、反省するあやね。

「そうはいっても、社員同士で気軽に立ち話や情報交換をできる場所って欲しいよなぁ」

都田は左手に缶コーヒーを持ったまま、天井を見上げた。確かに、息抜きがてらの情報交換は外の喫煙室ではなくてオフィス内でなるべくやってほしい。

喫煙コーナーを営業企画部のフロアに設置したらどうか？　無理だ。そんなスペースはない。第一、そんな簡単にレイアウト変更できないだろう。あやねは自分の思い付きをすぐに取り下げた。

「タバコ部屋に変わる何か…があったらいいのだが」

あやねはとっさに思い付かない。そのとき、都田が向こうを指さした。

「あそこ、あそこ。あのスペースを何か工夫できないかな？」

フロアの端っこにフリースペースがある。そう言うと聞こえはいいが、飲み物の自動販売機が置いてあるだけの色気のない空き地だ。ここをどう活用しようというのだろう？

「せっかくなんで、ここカフェコーナーにしてみない？」

「カフェ…ですか？」

こんなところにカフェ？　あやねはにわかにイメージできない。都田は缶コーヒーをぐいっと飲んで、続ける。

「うん。最近、家庭用のコーヒーマシンって流行っているじゃない。カプセル式のカートリッジをセットして、ドリップするやつ。あれ置いたらどうだろう？」

それならあやねも見たことがある。休みの日に、近所の家電量販店でキャンペーンをやっていて試飲させてもらった。調子に乗って3種類ものコーヒーをいただいたのでよく覚えている。どれも本格的な味で美味しかった。あれなら缶コーヒーよりも気が利いているし、喜ばれそうだ。

「それいいですね。ぜひやりましょう！　あ、せっかくならお菓子コーナーも設置しませんか？無人販売にして、コインを入れてお菓子を取っていってもらうようにする」

「お、のってきたね！」

都田も笑顔になる。

ただコーヒーマシンとお菓子コーナーを置いただけでは素っ気ない。近くにテーブルと椅子、プラス気軽に立ち話ができるようなカウンターも置こう。あと、ドライフラワーなんかも飾りたい。あやねの夢は広がった。

＊＊＊

カフェコーナーはなかなか好評だった。

日に日に利用者が増え、喫煙者・非喫煙者を問わず、ここにたむろしてわいわい会話するようになった。ここならば安心して情報や知恵を交換することができる。また、コーヒーマシンは意外なコミュニケーション効果を生むことがわかった。カートリッジをセットして、コーヒーの抽出が完了するまで多少時間がかかる。その待ち時間で、後ろに並んだ人と会話が生まれるのだ。時々、操作方法がわからなくて前後の人であれこれ試したり、水が切れて一緒に替えに行ったりなど思わぬ「共同作業」も起こる。そのうち、世間話の一つや二つもするようになる。自動販売機だとこうはいかない。皆、ポンとボタンを押して商品を取って、さっさとその場を立ち去ってしまうからだ。会話が生まれる余地がない。

「ねえ、菊川さん。ここに新聞や雑誌も置いてみたらどうかしら？」

「私、フラワーアレンジメントが趣味なんです。ここに、自分の作ったお花を置いてみてもいいですか？」

「ちょっとした打ち合わせができるよう、ホワイトボードも欲しいな」

そのうち、さまざまなリクエストやアイディアが寄せられるようになった。皆、オフィスを少しでも楽しく過ごしたいと思っているようだ。

「息苦しくすることが、セキュリティじゃないのね」

あやねはカウンターに佇み、ひとりつぶいやいた。

第5章

多様性（ダイバーシティ）とセキュリティ

人材の多様性 〜転職者、退職者との付き合い方〜

カレンダーがまた1枚めくれた。あと2週間で待ちに待った夏休みだ。皆、どことなく浮き足立っている8月の初日、営業企画部に新たなメンバーが加わった。

駒門《こまかど》雄太《ゆうた》、33歳。日焼け顔とサラサラの髪が素敵なナイスガイだ。同業他社の藤枝食品から転職してきたとのこと。業界用語も慣習もわかっていて、初日から存在感を示している。まさに即戦力だ。ふとした瞬間に見せる、歯にかんだ笑顔が眩しい。フロアの女子社員たちの間でも、ちょっとした話題になっている。

そんな爽やかな駒門だが、たまに気になる発言をする。

「前職のときの顧客名簿、よろしければ持ってきましょうか？」

「僕が藤枝で作った提案書、そのまま流用できると思いますよ」

同じチームのメンバーは「さすが、即戦力！」と賞賛しているが、本当にそれでいいのだろうか？　駒門も良かれと思って提案している様子だ。もしかしたら、前職で得た情報も含めての「即戦力」を期待して採用されたのかもしれないし、余計な口出しは無用？

あやねは、都田に相談することにした。

解説

転職者、退職者対応のポイント

転職者が持つノウハウ、スキル、人的コネクションはとても貴重です。企業が転職者を即戦力として受け入れる大きな理由です。しかし、会社にとって有用な情報は転職前の会社にとっても有用な情報であることが多いでしょう。会社が転職者を利用して不正に情報を入手した場合、不正競争防止法違反により罰せられる可能性があります。転職者を受け入れる場合は不正に情報を入手することがないように、社員が退職する場合は不正に情報を持ち出されることがないように注意しましょう。

不正競争防止法では守られる情報を営業秘密と呼び、次のように定義しています。

この法律において「営業秘密」とは、秘密として管理されている生産方法、販売方法その他の事業活動に有用な技術上又は営業上の情報であって、公然と知られていないものをいう。

営業秘密という名前から連想すると、顧客情報、新商品情報など営業に関するものだけかと思いがちですが、生産方法のような技術上の情報も含まれることに注意してください。この定義では、ある情報が営業秘密であるためには3つの条件が必要であるとされています。

●秘密として管理されていること

営業秘密は、情報が秘密として指定されている、必要な人だけが参照できるような制御が行われている、情報が持ち出されたことが検知可能になっているなど、秘密情報にふさわしい管理がされている必要があります。

誰もが知っている公開情報と同様に扱っている、誰でも容易に参照可能になっているなどの状態に置かれているものは営業秘密として扱われません。本書で説明したさまざまな情報セキュリティ対策は情報を守るだけでなく、情報が営業秘密として認められ法律上も保護の対象になるために必要なことなのです。

●有用な情報であること

企業が活動する上で有用な情報だけが営業秘密として扱われます。

●公然と知られていないこと

営業秘密は誰もが知っている情報ではない必要があります。どれだけしっかりと情報セキュリティ対策を行っていても、すでに誰でも知っている情報は営業秘密として扱われません。

これらの3つの観点から判断すると前職での顧客名簿、提案書は営業秘密とみなされる可能性が高く、業務で利用することは不正競争防止法違反となります。転職者を受け入れる際、特に前職が同じ業界、競争会社などである場合は情報の不正な持ち込みをしないように注意しましょう。誓約書により、営業秘密を持ち込まない、自社の営業秘密を漏洩・持ち出しをしないことを確認するのも有効です。

社員が退職する場合にも営業秘密を持ち出されないように注意しましょう。誓約書により、営業秘密を持ち出さない義務を再認識してもらうのも有効です。

また、退職と同時に入退室用のＩＣカードや、システムにアクセスするためのアカウントを無効にし、機密情報へのアクセスができないようにしましょう。これらを適切に行わないと退職後も情報にアクセスし、持ち出しが可能になってしまいますし、必要な管理を行っていないとみなされて、情報が営業秘密ではない、持ち出す行為も不正競争防止法違反ではないと判断される可能性が出てしまいます。

◉営業秘密の3条件

営業秘密

①秘密として管理されている
②有用な情報である
③公知になっていない

企業が持つ情報が法律によって保護されるためには3条件が必要。
特に①を満たすために情報セキュリティ対策を適切に行うこと!

働き方の多様性 ～テレワーク（在宅勤務）との付き合い方～

夏休みの1週間はあっという間だった。カナヤ製菓では、お盆時期にあわせて全社員が一斉に休暇に入る。休み明け初日、またもやお土産のお菓子が各自の机の上を彩っていた。そういえば、ゴールデンウィーク明けのときよりもお土産のやり取りが増えた気がする。以前に比べて、職場のコミュニケーションが良くなってきた証拠だ。あやねはにんまりして、伊勢海老せんべいをかじった。

「菊川さん、お食事中ゴメン。相談があるんだけれど、ちょっといい？」

突然の河津からの声がけ。応接室に来るように言われる。あやねはお茶を一口飲んで、後に続いた。

応接室には河津のほかに、主任の磐田智恵と人事部の新居《あらい》が控えていた。いったい何の相談だろう？

「実は、9月からの磐田さんの勤務体系についてなんだけれどね。菊川さんにも力を貸してほしいと思って」

聞けば、保育園に通うお子さんが病気がちなため、毎日出社するのが厳しくテレワーク（在宅勤務)をしたいと。確かにここ最近、磐田は保育園からの呼び出しだとかで早退が目立っていた。人事部もできることなら了承したいが、自宅での勤務となるとセキュリティ面でどうしたらよいかわからないとのこと。情報システム部にかけあったが、「部門でなんとかしてくれ」とあしらわれたらしい。磐田は申し訳なさそうにあやねを見た。

なんとかテレワークをできるようにしたい。そのためには、どんなセキュリティ対策を施せばよいのだろう? あやねは都田に同席を求めた。

テレワークで求められるセキュリティ

会社のオフィス以外で仕事を行うテレワークは、時間や場所にとらわれない働き方を可能とします。テレワークに厳密な定義はありませんが、総務省ではテレワークを、自宅で作業を行う「在宅勤務」、外出先で作業を行う「モバイル」、テレワークを行う専用拠点（サテライトオフィスとも呼ぶ）で作業を行う「テレワークセンター」の3種類に分類しています（http://www.soumu.go.jp/main_sosiki/joho_tsusin/telework/18028_03.html）。本書では、104ページでモバイル型を説明しました。また、テレワークセンターの場合、通常のオフィスにおけるセキュリティ対策がほぼそのまま利用できるので、ここでは「在宅勤務」タイプのテレワークについて紹介しましょう。

テレワークにより社員は通勤から解放され、子育て、介護などにおけるワークライフバランスを改善することができます。従業員にとってはライフステージの変化に伴う就業の困難さを改善することができ、企業にとっても生産性の向上と人材確保を可能とする仕組みとなり得ます。さらに昨今はBCP（Business Continuity Plan：事業継続計画）の観点からもテレワークは注目されています。地震、台風などの自然災害、インフルエンザなどのパンデミック時にもテレワークであれば業務の継続が可能です。

一方、テレワークでは「オフィスと異なり入退室管理、アクセス管理が困難」「他の社員の人目がないため、不正行為への牽制効果が効きにくい」「自宅のＩＴ環境を利用すると、私用の環境と業務情報のやり取りが起こりやすく、情報漏洩につながりやすい」といったセキュリティ上の課題もあります。ここではテレワークに求められる４つのセキュリティ対策を解説します。

作業環境

まずテレワークで利用する作業環境が必要です。家族、知人、来訪者などによる情報漏洩、破壊などを防ぐため、オフィスにおけるアクセス管理と同様、極力、他者が入ることができない専用の部屋、場所を用意することが望ましいです。しかし、自宅の状況によってはそれが難しい場合もあるでしょう。その場合、仕事をしていないときは情報、機器を確実に収納する、席を離れるときは画面をロックする、ロックから戻る場合はパスワードの入力を必須とする、通常よりも短い時間でロックが自動的にかかるようにする、画面をのぞかれないようにのぞき見防止フィルターを利用するなどの対策を組み合わせて実施します。

業務内容

テレワークではオフィスにあるファイル、紙文書は利用できませんし、会議も実施が難しいため、電子ファイルを用いた作業が中心となります。また、オフィスと比較すると情報漏洩のリスクも高くなってしまうので、機密性が高い情報、漏洩した場合のリスクが大きい業務は避けた方がよいでしょう。またテレワークでは業務の時間、効率、態度の把握が難しくなるので、業務結果が勤務評価の中心となります。これらを考慮した上でテレワークでの実施を許可する業務を決定します。

●テレワークに向いた業務の例

データ分析
ドキュメント執筆
単独でのドキュメントのレビュー、確認

●テレワークに向かない業務

プロジェクト管理
チームでの進捗管理

◉テレワークに向いている業務

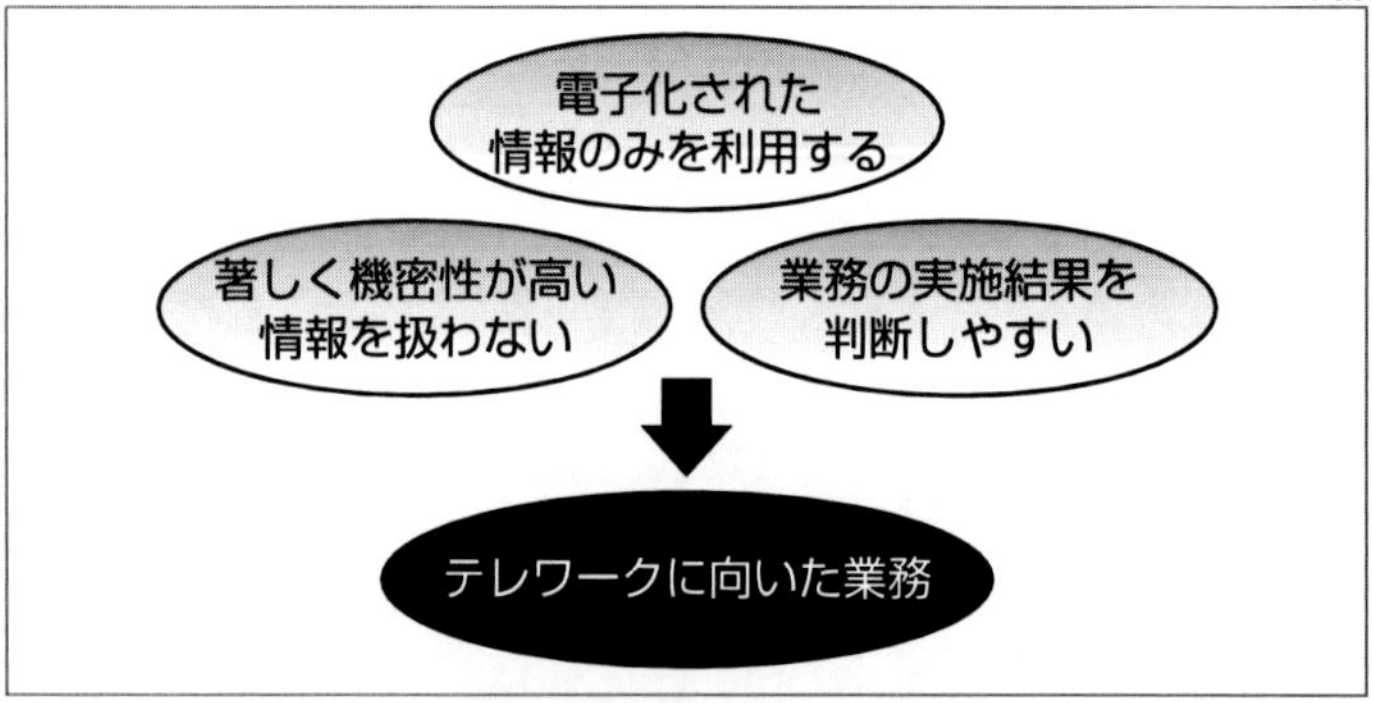
電子化された
情報のみを利用する
著しく機密性が高い
情報を扱わない
業務の実施結果を
判断しやすい
テレワークに向いた業務

IT環境

テレワークでは電子ファイルを扱う作業が中心となるので、IT環境が重要です。IT環境としてはいくつかの選択肢があります。

- 会社がPCを用意するか、自宅のPCを利用するか
- 自宅のネットワークを利用するか、企業が用意するか(モバイル回線など)
- 情報の自宅への持ち出しを許可するか、しないか
- 情報のやり取りの方法(USBメモリ、ネットワーク)
- 通常のPCを利用するか、専用のシンクライアント(仮想デスクトップ)を利用するか
- シンクライアントを利用する場合、会社側に専用のサーバーを用意するか、自席のPCを利用するか

これらを決定し、それに必要なセキュリティ対策を決めていきます。一般的には会社がPCを用意する、情報はネットワークでのみやり取り、情報の持ち出しを許可しない、シンクライアントを利用するといった方法がよりセキュリティ確保が容易になります。

コミュニケーションルール

一見するとセキュリティとは関係がなさそうに見えますが、テレワーク時にどのように会社

にいる社員とコミュニケーションをとるかを決めるコミュニケーションルールも重要です。

　テレワーク中に連絡が必要になった際の連絡方法（メール、電話、メッセージングソフトなど）、業務の開始と終了、中断と再開の連絡方法などを決めておきましょう。

　コミュニケーションには電子メールを用い、緊急の用件、電子メールでは正確な伝達が難しい場合に備えて電話も利用できるようにしておきます。可能であればメッセージングソフトの利用も有効です。

　ユニファイドコミュニケーションと呼ばれるツールもテレワークには有効です。ユニファイドコミュニケーションとはさまざまなコミュニケーションを統合するという意味で、インスタント・メッセージ、チャット、誰がいまどこにいて、何をしているかを表すプレゼンス情報、電話、ビデオ会議などを可能とするソフトウェアです。

　通常のオフィスであれば、誰が今何をしているかは少し顔を動かせば容易に把握することができますが、テレワークで

◉コミュニケーション強化の効果

コミュニケーションの強化は生産性の向上とセキュリティ強化に有効

はそれが難しくなります。これはコミュニケーションを減らし、疎外感を高める可能性もありますし、セキュリティに関する不正行為をやりやすくする危険性もはらんでいます。どのようにコミュニケーションを活性化するかを検討することが情報セキュリティの保護にもつながります。

テレワークが生む意外なメリット

都田の力を借りて、テレワークの環境を整えることができた。
情報システム部と調整し、テレワーク用のシンククライアントPCを1台確保した。シンクライアントPCは磐田の自宅に置き、そこからリモートデスクトップでオフィスの自分の端末にアクセスして仕事をする。このやり方なら、自宅のシンクライアントPCにはデータは残らない。よって社外へのデータの持ち出しや流出を防ぐことができる。シンクライアントPCの画面にはのぞき見防止フィルターを貼った。家族などの第三者によるのぞき見のリスクを低くするためだ。

業務ルールもきちんと決めた。テレワークでは、個人情報を扱う仕事は行わない。個人情報を含まないアンケートの集計、分析業務、資料作成などに限る。また、業務開始時・15分以上の離席時・業務終了時にはチームメンバー全員にメールでその旨を連絡すること、その日の業務計画と進捗を業務開始・終了時にそれぞれ上司の河津にメールで報告することとした。

こうして9月のシルバーウィーク明け、磐田は週2日のテレワークを開始した。カナヤ製菓のテレワーク社員第1号だ。なんとか成功事例にして、全社に広げていきたい。あやねは成功を祈った。

「最初はぎこちなかったけれど、慣れると仕事が計画的に進められるようになってよかったわ」

1カ月後、磐田は人事部との振り返り面談で語った。資料作成や企画の考案など、集中を要する仕事はむしろ自宅のほうがはかどることも付け加えた。

「何より、家族がとても喜んでくれています。『カナヤ製菓っていい会社だね』って」

なるほど、確かに会社がテレワークを認めてくれなかったら、磐田は病気のお子さんを一人、家に残して誰かに世話を任せるか、あるいは仕事を辞めるしか選択肢がなかったであろう。テレワークにより、看病と就労の両立ができるようになったのだ。

あやねは再び、情報セキュリティが価値を提供する6者の絵を思い出した。セキュリティ対策をしっかりやれば、テレワークのような柔軟な働き方だって可能になる。それは、従業員と従業員の家族を幸せにする。

＊＊＊

これからの時代、子育てのみならず親の介護と仕事の両立も社会の課題だ。テレワークが認められれば、従業員は仕事を辞めずに介護をできる。それだけではない。最近は首都圏でも自然災害による交通機関の運休や遅延が目立つようになってきた。台風や大雪の影響で、駅で何時間も足止めを食らったあげくに、殺人的ラッシュに耐えてお昼前にようやく職場に到着。心も体もフラフラ。そんな話をよく聞く。そんなとき、すぐにテレワークに切り替えて自宅で仕事ができれば無駄なストレスもなくなるし、業務も止めずに済む。場所を選ばない働き方は、従業員にとっても会社にとってもＷＩＮ－ＷＩＮになり得るのだ。

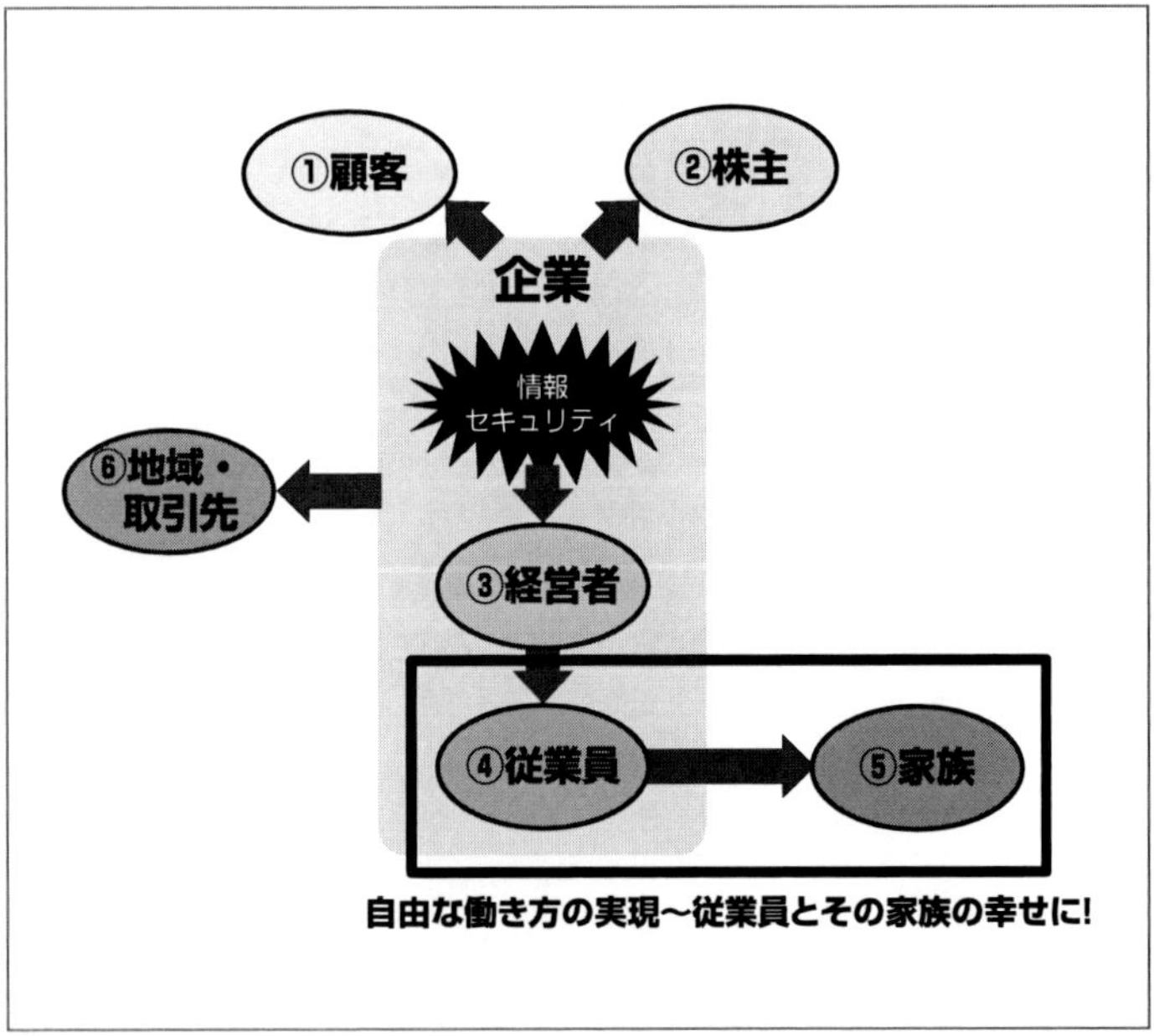

第6章

「あなた、いったい誰なの?」

忍び寄る影

「ふぅ。これでちょっと一息つけるかな」

ここ1カ月、磐田のテレワークの開始準備と導入後のフォローに追われていたあやね。ようやくテレワーク導入の振り返りレポートをまとめ終え、その日、オフィスを出たのは夜の9時過ぎだった。今日もよく働いた。一歩外に出ると、ひんやりとした空気があやねの頬をなでる。気が付けばもう10月だ。カナヤ製菓に入社してから、情報セキュリティ委員に任命されてからちょうど半年。少しは成長しただろうか？　自分に問いかけながら、夜の目黒川のほとりを歩く。

スマートフォンが震える。見ると、サトシからメッセンジャーアプリのメッセージが入っていた。

「お疲れ。そういえば、そろそろ誕生日だったよな。よかったら、土曜日に湖でも見に行かないか？　確か、キミは水のある景色が好きだったよね」

うれしい！　あやねは思わず声をあげた。サトシの言う通り、あやねは昔から水のある風景が大好きだった。大学の卒業旅行も、友達とヨーロッパの湖とお城めぐりをしたほどだ。それを、サトシは覚えていてくれた。あやねの疲れは一気に吹っ飛んだ。

「わーい♪　いくいく！」

あやねはすぐに返信する。どこの湖に連れて行ってくれるのだろう? 期待に胸を膨らませるあやね。またサトシからメッセージが来た。

松原湖…ってどこ? 地図アプリを立ち上げて、調べてみる。長野県南佐久郡…随分と山奥にあるようだ。だいぶ遠そうだけれど、どうせサトシの車の助手席に乗って揺られているだけだし、たまには遠出するのも気分が変わって楽しいかも。あやねは週末が待ち遠しかった。

＊＊＊

そして迎えた土曜日の朝。アパートの部屋のカーテンの隙間から、秋晴れの空が顔を覗かせている。あやねはウキウキした気持ちで飛び起きた。リュックにお菓子とお茶を詰めていると、スマートフォンのメッセージ着信音が鳴った。サトシからだ。

「ごめん。朝イチで急な仕事が入って、いま客先にいる。俺はそこから直接現地に向かうことにしたよ。悪いけれど、現地集合でいいかな? 12時に松原湖で会おう」

おっとっと。これはどうしたものか。メッセージを最後までたどると、丁寧に列車とバスの乗り継ぎまで書いてくれている。一緒に行けないのは残念だが、中止にならなかっただけまあいいか。あやねは、リュックをしょって東京駅に向かった。

北陸新幹線は秋の行楽客で賑やかだった。その賑わいも軽井沢までで、そこから先は一気にがらんとした。あやねは次の佐久平で列車を降りた。雄大な浅間山が青空に映える。一層冷たい秋の風が心地いい。あやねは大きく深呼吸をした。今日はいい日になりそうだ。高架を上がり、JR小海線に乗り換えて小淵沢方面を目指す。2両つなぎのローカル列車は、千曲川の流れに寄り添って走る。しばらく広々とした盆地を、やがて渓谷の中をとことこ。あやねはディーゼルカーの振動に合わせて、うつらうつらと舟を漕ぐ。松原湖駅に到着。単線のホームに、ログハウス風の小さな待合室がぽつり。そんな山合いの無人駅だ。列車はあやね1人を降ろして、山の懐に消えていった。

湖はここにはない。さらに町営バスに揺られる。山道を走ること10分。ようやく松原湖に着いた。

松原湖はあやねの想像以上にひなびていた。観光地っぽい賑やかさが一切ない。入り口の広場に1台、真っ赤なスポーツカーが止まっている。それ以外に人の気配がしない。八ヶ岳の山々に抱かれたひっそりとした湖。周りには赤や黄色に色づいた樹々が茂り、湖面に映える。土産物屋の類のお店も一切ない。ボート乗り場があり、ここが一応の観光地であることを主張している。腐りかけた木の桟橋に、スワンボートたちが身を寄せて寂しげに風に揺れる。

待ち合わせの時間までまだ20分ある。あやねは湖の周りを散策してみることにした。木の道しるべを頼りに、森の小径に進む。あやねの歩みにあわせて、熊笹がサラサラと音を立てる。サトシはまだかな?　ちらり腕時計を見たそのとき、背後に嫌な気配を感じた。

「お待たせしたわね、あやねさん。残念ながら、サトシはここには来ないわよ」

聞き覚えのある声が、湖畔の木立にどす黒く響く。

――あ、あなたはいったい…。

あやねは恐る恐る振り返る。黒いロングコートに身を包んだ髪の長い女が立っていた。

――えっ、えっ⁉　あなたは、サトシの会社の先輩の…確か、細江菜々美さん?　いったい、何がどうなっているの⁉

「そうよ。サトシのふりしてあなたをここに呼び出したの」

右手でサングラスをはずす菜々美。その顔は嘲笑に満ちていた。

――サトシのふりって、どういうこと⁉　まさか、わたしがメッセンジャーアプリでやり取りしていた相手って、サトシじゃなくて菜々美さんだったってこと？

そこで「なりすまし」の５文字があやねの頭をよぎる。

「まったく、笑っちゃうくらいあっけなくひっかかったわね」

「いったい、どうしてこんなことを？」

あやねには意味がわからなかった。

「言っておくわ。私はサトシが好き。彼が入社してからずっとね。だから、あなた、サトシから身を引きなさい。さもないと…」

それまでの嘲笑が、嫉妬の怒りの表情に変わる。菜々美は一歩一歩、あやねとの距離を縮めた。後ずさりするあやね。

――えっ、えっ、なにこの「いかにも」なベタな展開⁉

感心している場合ではない。あやねは背の高い菜々美に気圧されて、じわりじわり湖面に追い詰められる。背後は冷たい湖だ。ど、どうしよう…。菜々美が両腕をあやねの肩にかけようとしたそのとき。

「やめろ！　菜々美さん。やめるんだ！」

サトシが向こうから走ってきた。まもなく、菜々美の右腕を力強く引っ張る。その隙を見て、あやねはサトシの後ろに回りこんだ。

「ちょっと、離してよ！　こんな小娘のどこがいいのよ！」

菜々美はその場に倒れこんだ。その場で俯いて泣きじゃくっていた。ただ呆然とその様子を見つめる2人。しばらくすると、菜々美はむっくりと立ち上がり、髪を振り乱して走り去っていった。再び、静寂が辺りを包んだ。

なりすましに注意

情報セキュリティにはさまざまな脅威がありますが、その中でも他人のふりをして活動をする「なりすまし」は影響が大きく、完全な防止が難しいものです。

いったん、なりすましが起きてしまうと、「自分の個人情報の漏洩」「メール、DVD貸出履歴、Webブラウズ履歴などのプライバシー情報の漏洩」「自分のふりをしての不正な活動」「他人に対するいやがらせ」「金銭、ポイントなどの盗難」など、さまざまな経済的、社会的な被害が発生してしまいます。

ここではなりすましを防ぐためのポイントとして「パスワードを減らす」「適切なパスワード」「多要素認証」「ログインの通知」の4点を紹介します。

パスワードを減らす

パスワードを管理するのは大変です。できるだけ管理が必要なパスワードを減らしましょう。そのためには最近増えてきた「Facebookでログイン」「Googleでログイン」などの機能を利用することが有効です。これは「認証連携」と呼び、あるサイトで認証を行い、その結果を別のサイトで利用する技術を使っているものです。

まずはこの方法を使い、管理するパスワードをできるだけ減らしましょう。

適切なパスワード

いくら減らしてもパスワードはなくなりません。次は適切なパスワードを利用しましょう。

他の人と一緒に使ったパスワード、誕生日、ABCD、12345のようなパスワードは攻撃者がまずはじめに試すものです。自分の身を守るためにも、他人に出来心を起こさせないためにも簡単には想像できないパスワードを利用しましょう。

よいパスワードの決め方と管理方法については「十分に長い文字数を使う」「大文字、小文字、数字、記号などを組み合わせる」「よく使う単語は使わない」「定期的に変更する」「パスワードはメモしない」など、さまざまなルールがあります。そして最近追加されたルールが「異なるサイトでは異なるパスワードを使う(同じパスワードを使い回さない)」です。これを全部守るのは大変ですね。私もこれをすべて守る自信はありません。

これらのルールの中で絶対に守ってほしいものは次の2つです。

異なるサイトでは異なるパスワードを使う

最近インターネットでなりすましの被害が急増しています。その理由は1つのサイトから漏洩したIDとパスワードによってほかのサイトへのログインを試みるパスワードリスト攻撃が行われているためです。複数のサイトでパスワードを使い回していると、この攻撃によってなりすましログインをされてしまいます。できる限り異なるサイトでは異なるパスワードを使うようにしましょう。これを守るためには「パスワードをメモしない」といったルールは守らなくてもよいでしょう。メモに書いて大事に保管する、PC上のパスワード管理ソフトを使うなどの方法も有効です。

わかりやすいパスワードは使わない

先ほどはインターネットでの攻撃を紹介しましたが、人間による攻撃ではまずこれが試されます。人と共用したことがあるパスワード、誕生日、名前、好きなもの（野球のチーム）、会社名、12345、111111、QWERTY（キーボードを順に押したもの）などはパスワードとして使わないようにしましょう。

良いパスワードの付け方

ここでは良いパスワードの付け方の例を紹介

◉良いパスワードの付け方

基本のパスワード：my!pass	**記憶する**
＋	
サイトごとの追加パスワード： Google:12394 Amazon:6b2c9 Yahoo!:7e2j1	**忘れないようにメモする**
↓	
実際に使うパスワード： Google:my!pass12394 Amazon:my!pass6b2c9 Yahoo!:my!pass7e2j1	

します。

まず、基本のパスワードを作って記憶します。これまでに使っていたパスワードでもかまいません。無理せず覚えられるように、あまりに複雑なものは使わないようにします(例:my!pass)。

次に、利用するサイトごとに追加のパスワードを用意します。これはサイトごとに異なるものを使います(例:12394)。サイトが複雑なパスワードを要求する場合、数字、記号などを組み合わせましょう。追加のパスワードは紙のメモ、パソコン上のファイルなどに記録してなくさないようにします。バックアップ、コピーもとっておきましょう。

そしてサイトでは基本のパスワードと追加のパスワードをつなげたものをパスワードとして入力します(例の場合、my!pass12394)。基本のパスワードは記憶だけで入力し、追加のパスワードはメモを見ながら入力します。

この方法は、サイトごとに異なるパスワードを使うことができ、メモを利用することでパスワードを忘れにくくなります。また、基本のパスワードは自分だけが記憶していますので、メモが誰かに盗み見られてもなりすましログインをされることはありません。

なお、「パスワードを定期的に変更する」ことはセキュリティ上必ずしも有効ではないということが研究によってわかってきました。無理をして定期的に変更を行うよりは「サイトごとに異なるパスワード」「わかりやすいパスワードは使わない」の2つを守るようにしてください。

多要素認証

最近Google、Facebook、Yahoo! Japanなどの主要なサイトではなりすまし防止のための多要素認証（二段階認証と呼ばれることもあります）の導入が進んでいます。これはログイン時にIDとパスワードだけではなく、別の方法も組み合わせてより確実な本人認証を行う方法のことです。

代表的なものとしては、次の方法があります。

- **事前に登録したメールアドレスにログインコードが送られてくるので、それを画面から入力する。**
- **スマートフォンにインストールした専用アプリでログインの確認を行う。**
- **スマートフォン上のワンタイムパスワードアプリで毎回異なるパスワードを利用する。**
- **指紋認証、顔認証など身体の特徴を利用する。**

毎回多要素認証を行うのは面倒で時間もかかりますので、初回ログイン時、不正が疑われるときなどに多要素認証を利用するとより長続きするでしょう。

自分が使っているサービスが多要素認証を用意していれば、その利用を検討しましょう。

ログインの通知

サービスによってはログイン時に、ログインが行われたことを事前に登録したメールアドレスに通知を行ってくれるものがあります。これを利用すると、なりすましを防止することはできませんが、なりすましが行われたことを即座に発見できるので、パスワードの変更などの対策をとることができ、被害を小さくすることができます。

多要素認証と異なり、ログインの方法自体は変わらないので、利用が簡単で効果がある方法です。サービスが提供していればぜひ利用しましょう。

45ページで標的型メールについて紹介しました。標的型メールにはさらに進化版としてやり取り型のものも発見されています。

やり取り型標的型メールとは、あたかも以前あったことがある人のふりをしてメールで連絡を行い、何回かやり取りを行って信用させた上でウイルスを送り付ける方法です。

巧妙に行われると発見は難しくなりますが、「振り込め詐欺」などと同様、少しでもおかしな言動があれば注意する、本来の相手しか知らない情報を聞く、メールアドレスが正しいものか確認するなどの方法で確認をする習慣を付けましょう。

「使い回し」に注意！

「まったく気付かなかったよ。まさか自分のメッセンジャーアプリが乗っ取られていただなんて」

正面を見つめたまま、サトシは語りはじめた。帰りの中央自動車道。山の夕暮れは早く、もうまもなく辺りは闇に包まれようとしている。談合坂サービスエリアが近づくにつれ、徐々に車の流れが悪くなってきた。2人の目の前を、テールランプが連なる。

サトシは今朝まで乗っ取りにまったく気が付かなかったらしい。今朝起きてすぐ、久しぶりにあやねにメッセージを送ろうかと思ってメッセンジャーアプリを立ち上げて唖然。送った覚えのないメッセージが並んでいる。そこで、今日、何者かがあやねを松原湖に呼び出していることを知る。とにかく松原湖に向かわなくては。そう思って、慌てて車に飛び乗りアクセルをふかした。

「途中、何度かあやねに電話したんだけれどつながらなくて」

そういえば、サトシからの着信履歴が残っていたっけ。あやねは、改めて自分のスマートフォンの画面に目をやる。サトシから着信があったのは、おそらく小海線の車内ですやすやとうたた寝していたときだ。不在着信に気付いたのは、松原湖駅で列車を降りた後。電波が「圏外」だったため連絡できず、そのままバスに乗ってしまった。きっと10分遅れるとか、その程度の連絡だろうと思って放っておいたのだ。

「しかし、菜々美さんはいったいどうやって俺のメッセンジャーアプリのパスワードを知ったんだろう?」

それがサトシにはわからない。いつもすぐ横で仕事や雑談をしていたから、のぞき見されたのかもしれない。席を外すとき、スマートフォンを机の上においたままのことが多かったから、その隙を突かれたか? あやねと一緒に原因を推測する。

「ねえ、サトシはメッセンジャーアプリにどんなパスワードを設定していたの?」

「いつものあれだよ。大学のとき、俺らの部室のドアの鍵のパスワードに設定していたあれ。覚えやすいから、そのまま使っちゃってる」

悪びれる様子もなく答えるサトシ。

「そのパスワード、もしかして会社でも使っていない?」

助手席のあやねは、サトシをのぞき込むように問いかける。

「うん。仕事で菜々美さんと共有しているファイルのパスワードも、全部それにした。いちいち覚えるの面倒くさいからな」

「…だからだよ」

もしかしたら菜々美は、そもそもメッセンジャーアプリを乗っ取ろうなんて考えていなかったかもしれない。サトシが職場で席を外したとき、なんとなくサトシのスマートフォンを見てみたくなった。そこで、何の気なしにいつものパスワードでメッセンジャーアプリにログインしようとしたら、アタリだった。そこで乗っ取りを思いついた。ちょっとしたセキュリティの隙により、魔が差してしまったのかもしれない。

「俺、昔っからずぼらだからなぁ。少しは、あやねを見習ってセキュリティの勉強しなくちゃな」

サトシはいつもの口調でのほほんと放った。

今回の一件について、あやねにも反省すべき点はある。メッセンジャーアプリの向こうのサトシがサトシ本人ではないと気付くチャンスはあった。あやねが浜岡自動車への出張から帰ってきたあのとき、サトシはメッセンジャーアプリであやねを「キミ」って呼んだ。いつも「あやね」って呼んでいるにもかかわらず。普段とは違う呼びかけに、思わずドキっと浮かれてしまった。あのとき、「おや？」と思って疑わなければならなかったのだ。

「よし、渋滞終わった。行くぞ！」

高尾山を抜けると急に視界が開けた。八王子の街明かりがフロントガラスの向こうに煌く。まもなくどたばた旅行も終わりだ。２人を乗せた車は一気に加速する。あやねは、ハンドルを力強く握るサトシの横顔を穏やかな気持ちで見つめた。

第7章

セキュリティを味方につける

それでもセキュリティを守らない社員

カレンダーが一巡した。撫子色の花びらが風に舞う春、4月。今日から新しい年度が始まる。あやねも気が付けば入社2年目の社員だ。いままでの教わる立場に、教える立場が加わる。営業企画部にも2名、ピカピカの新人社員が配属になった。そのうちの1人、興津《おきつ》隆志《たかし》がなかなかやんちゃで周りを困らせている。

セキュリティを守ろうとしない。気が付けばネットサーフィン。会社のPCで私的なインターネットサイトを見たり、SNSに書き込んだりしている。Java／Flash Playerの設定も無視。Java／Flash Playerを使うサイトを利用する場合は、共用端末を使うように言っても聞かない。興津のトレーナーの4年目社員・吉原が何度注意しても効果なし。

二言目には「少しくらいいいじゃないですか」「だって、いちいち面倒くさいですよ」で逃げられるという。

「俺にはもう無理。キクちゃんから、なんとか言ってよ…」

吉原は音を上げて、あやねに泣きついてきた。

「わかりました。頑張ってみます」

＊＊＊

その日の午後、あやねは応接室で興津と向き合った。ふてくされた様子でソファに腰掛ける興津。そんな困ったチャンに、あやねは静かに口を開く。

「ねえ、興津くん。もしあなたが、セキュリティ事故を起こしてしまったらどうでしょうね。わたしたちはあなたを守ることができないわ。もしかしたら、法廷で争いあうことになるかもしれない」

あやねは、しっかりと相手の目を見つめた。法廷という言葉が効いたのか、興津は少しびくっとなって姿勢を正す。

「それってとっても悲しいよね。でもね。会社のセキュリティルールに従った上で、それでも事故が起こってしまったらどうかしら？　それは会社のせいってことになるわ。あるいは、あなたは会社のせいにすればいい。あなたは守られる」

興津の表情がさらに真剣さを帯びた。あやねはひと呼吸おいて、続ける。

「わたしはね、もし何かあったときに、あなたを守りたいの。大切な仲間を、大切な社員を守りたいの。そう思って、この仕事に取り組んでいるんだ」

興津の目を見た。あやねの眼差しは、慈愛に満ちている。こういうとき、思いの強いほうが勝つ。

「…わかりました。こんな風に向き合ってくれたの、菊川さんが初めてですよ。あの、なんていうか…その。自分うれしいっす。ありがとうございます」

興津はさっと立ち上がり、深々と頭を下げた。

あやねは河津に提案し、カフェコーナーにインターネット専用端末を設置することにした。ちょっとした息抜きの時間や、昼休みにご自由にインターネットをお楽しみください。ＳＮＳをやってもＯＫ。そのための端末だ。この端末だけは社内ネットワークに接続しない。情報漏洩のリスクを下げるためだ。セキュリティをガチガチにするだけでなく、遊びや息抜きもきちんと設ける。それが社員に情報セキュリティを気持ちよく守ってもらうためのポイントなのかもしれない。定時後、カフェコーナーの入り口に立ち、ＰＣの納入業者の作業員に設置位置をテキパキ指示するあやね。

その様子を、都田はフロアの端から眺めていた。

「もう、僕は必要ないかもしれないな」

都田は目を細め、そっとつぶやいた。

＊＊＊

その翌週、一件の人事発令が周知された。

『都田　慎次（リスク管理部課長）　営業企画部兼務を解く』

セキュリティ強化とコミュニケーション活性は表裏一体

「菊川さん、ちょっといい?」

定時前の夕暮れどき、またもや河津に声を掛けられる。手招きに応じ、あやねはいつもの応接室に足を運ぶ。そういえば去年の4月にここに呼ばれたとき、この応接室は書類で散らかっていたっけ。いまでは、紙が一切見当たらないスッキリした空間に様変わりした。河津は左手で「まあ、そこに腰掛けて」の合図をする。

「実は、またまた菊川さんに頼まれてほしいことがあってね」

「今度は何でしょう?」

河津はうんと大きく頷き、続けた。

「新オフィスの検討メンバーに加わってもらいたい」

新オフィス?　引越しでもするのだろうか。あやねは首をかしげた。

河津の説明はこうだ。営業企画部がいるこのビルはだいぶ老朽化が進んでいる。そこで、新しいビルに移ることになったそうだ。移転先は、ここから50メートル先の真新しいオフィスビル。時期はいまから半年後の10月とのこと。

「随分と急ですね…」

あやねは率直な感想を漏らす。

「そう。先週の経営会議で急に決まった」

「それで、私は何を期待されているのでしょう?」

「うん。せっかく新しいビルに移転するので、いままでのレイアウトを踏襲するのではなくて、明るくて社員が働きやすいオフィスにしたい。菊川さんの工夫のおかげで、この1年で営業企画部はコミュニケーションの良い活気ある職場になったって思って感謝している」

感謝。この言葉は何度聴いてもうれしいものだ。あやねは照れ隠しに、前髪をかきあげた。

「そこで、総務部が音頭をとっている『新オフィス検討プロジェクト』に菊川さんに加わってもらって、いろいろと意見や提案をしてほしいんだよね」

なんと! 営業企画部のメンバーのモチベーションや生産性にも大きく関わる任務だ。責任重大。だが、とても面白そうだ。あやねは、胸の奥からワクワクがこみ上げてくるのを感じた。

「セキュリティに配慮しつつ、社員がいきいき働けるオフィスを一緒に考えてほしい。部長も、ぜひ菊川さんにやってほしいっておっしゃっている。引き受けてくれますね?」

「はい。喜んで!」

あやねは大声で即答した。

ちょうど1年前、この応接室で情報セキュリティ委員の任務を言い渡されたとき、あやねは不安と戸惑いで胸がいっぱいだった。セキュリティなんて堅苦しそうなものから、逃げ出したくてたまらなかった。でも、今は違う。セキュリティはそこで働く人たちを苦しめるものではない。その確信を持っていた。そして、情報セキュリティ委員の仕事を誇りに思っている。

あやねはきらきらした瞳で、新たな一歩を踏み出した。

解説

セキュリティとコミュニケーション・業務効率を両立させるオフィスの事例

NTTデータが自らの働き方、ワークスタイルの変革を行うために、セキュリティ、コミュニケーション、業務効率の両立を目指して取り組んだオフィスの事例を紹介しましょう。

目標とするワークスタイル

新しいオフィスを設計するにあたって、目標とする働き方(ワークスタイル)を決めました。これは業種、仕事の内容などで変わってくる部分です。私たちNTTデータは情報システムを企画し、構築、運用を行うのが主要な業務ですので、次のようなワークスタイルを目標として掲げました。

- チームの考えをまとめたり、アイデアを創出するために、いつでも、どこでも気軽に打ち合わせができる。
- 働く場所や時間の壁を取り払い、個々人に適した環境で楽しく働くことができる。
- 情報漏洩などのセキュリティリスクに対して対策が取られ、安心して働くことができる。
- 各種ドキュメントの作成・管理が自動化・省力化されるとともに、必要なときにはすぐに参照できる。

●情報・物品の管理、スケジュールの調整などの共通業務を省力化し、コア業務にかける時間をより多く確保できる。

●市場の多様化に応えるために、組織の変更やプロジェクトの立上げなど、必要とされるリソースの確保が柔軟にできる。

そして、この目標とするワークスタイルを実現するために、オフィスのレイアウト、必要なＩＴ機器、サービス、そして各種ルールを制定しました。

オフィス

次がオフィスのレイアウトです。先ほど定めた目標とする働き方に基づき、次のようなレイアウトにすることにしました。

①接客、社外との打ち合わせのためのパブリックエリア（全員）

◉ワークスタイル変革の進め方

②集中して作業を行うためのコンセントレーションエリア（社員のみ）

③企画作業のための、機動性とコミュニケーションを重視し、自由な席を利用するフリーエリア（社員のみ）

④打ち合わせを行うためのコミュニケーションエリア（社員および協力会社社員）

⑤開発作業のための、作業効率を重視した固定席であるトラディショナルエリア（社員および協力会社社員）

⑥運用作業のための、厳密なセキュリティ管理を行う分離された固定席である運用統制室（運用メンバーおよび関係社員）

各エリアは床の色を変えており、エリアをまたいだ移動が容易にわかるようにしています。また社員、協力会社社員には色が違うストラップを利

◉オフィスのゾーニング

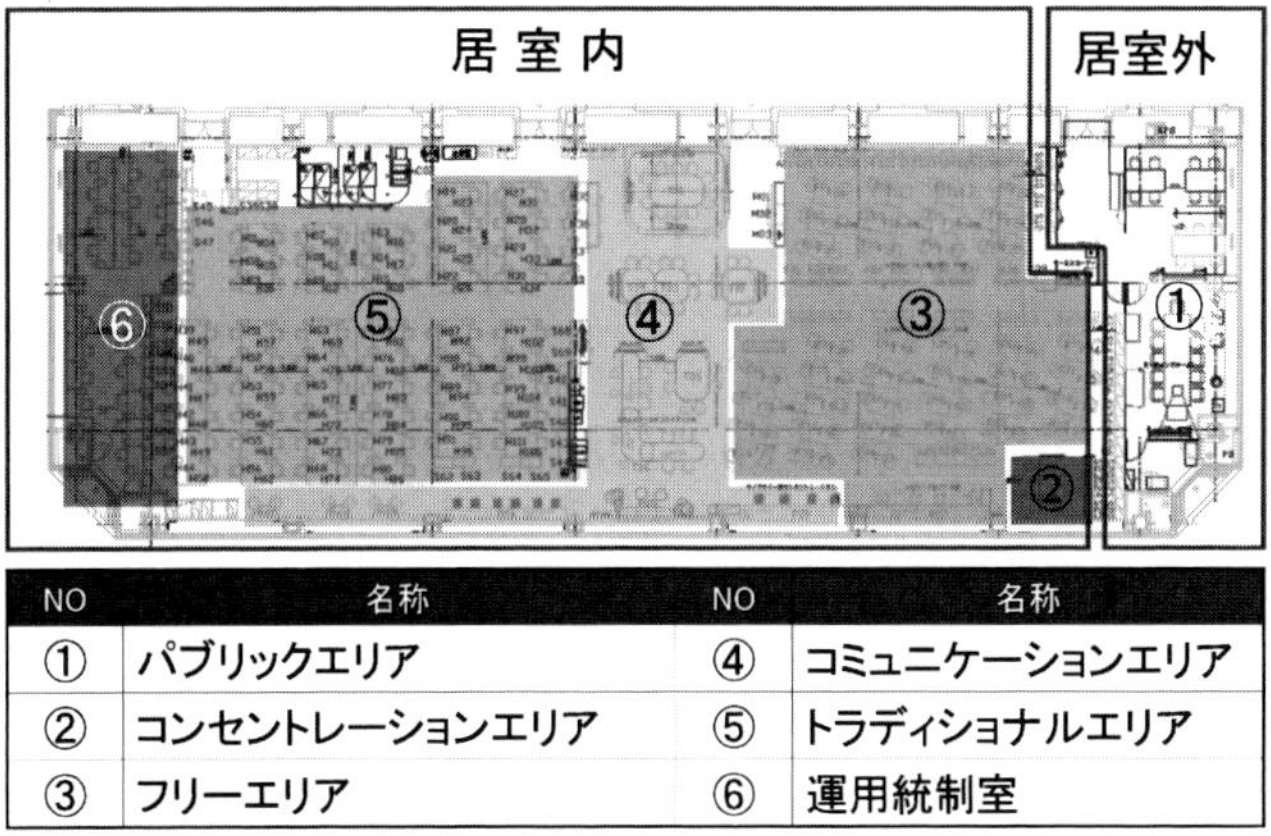

NO	名称	NO	名称
①	パブリックエリア	④	コミュニケーションエリア
②	コンセントレーションエリア	⑤	トラディショナルエリア
③	フリーエリア	⑥	運用統制室

用してもらいます。本来入ってはいけないエリアに入るとすぐに誰かが気付くことができます。

また、オフィス内にはいつでも簡単に会議ができるように壁をホワイトボードにし、また移動可能なホワイトボードを多数用意しました。

決まった座席を持たないフリーアドレスで仕事をする社員には1人に1つロッカーを用意しました。社員は毎朝出社するとロッカーからノートPCや最小限の種類を取り出して仕事を行い、退社時にはすべてをロッカーに格納して帰宅します。

◉色違いのストラップ

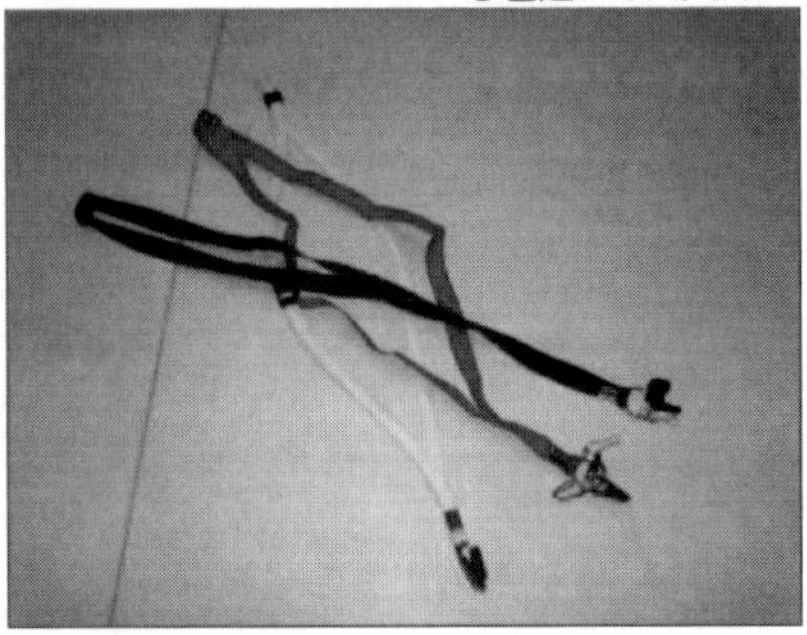

◉壁がホワイトボード

◉個人用ロッカー

情報管理＆ペーパーレス

ＩＴ会社は非常に多くの書類を利用します。セキュリティを保ちつつ書類の作成と保存、検索を容易にするためのペーパーレスの仕組みを用意しました。

複合機

ペーパーレスを実現するための重要な装置が複合機です。お客様との打ち合わせで利用する書類の印刷、外部から持ち込んだ紙書類の電子化に利用します。印刷して放置された紙からの情報漏洩を防ぐために、オンデマンド印刷（ＰＣからの印刷の指示を行った後、複合機でＩＣカードをかざすと自分が指示した印刷が行われる）を導入しました。

◉ペーパーレス会議の様子

会議スペース

ペーパーレスでの会議、打ち合わせを実現するためにすべての会議スペースには大きな(40インチの)液晶ディスプレイを用意しています。社員はノートPCさえ持ってくれば、すぐにファイルを開き、打ち合わせを行うことができます。

また、2〜3名程度の打ち合わせは自席でノートPCを用いて行います。

IT

NTTデータはITを専門とする会社ですので、さまざまなITの仕組みを用意して、試しました。

PC環境

PC環境は社員の業務によって異なったものを用意しています。フリーアドレスで仕事をする社員は移動の容易さを重視してノートPCを利用します。ノートPCは無線LANにより社内ネットワークに接続します。安全に無線LANに接続するためにワンタイムパスワードトークンを利用して、利用者の認証を行います。

固定の座席で仕事を行う社員は業務効率を重視してデスクトップ型のPCを利用します。

ＰＣの盗難を防ぐため、ＰＣは机にワイヤーで固定します。

ファイル管理

作成したファイルを管理するための文書管理システムと作成中の個人ファイルを管理するためのファイルサーバーを用意しています。いずれのシステムも全社的なＩＤ管理システムで管理されており、業務上の必要がない社員、異動した社員、退職者からは一切アクセスができません。

ファイル転送

お客様や社外の協力会社と安全に情報のやり取りを行うためにＷｅｂブラウザから利用可能なファイル転送サービスを構築し、利用しています。電子メールと異なり、大き

◉フリーエリア用のPCセット

なサイズのファイルを転送可能ですし、誤送信をしてもすぐに取り消すことが可能であり、利便性とセキュリティの両面で電子メールよりも優れた仕組みです。

コミュニケーション強化

フリーオフィスでは座席が毎日変わるため、いろいろな人とのコミュニケーションをとることができます。固定席でははるか遠くに座っていた新人と組織長が横に並んで仕事をするというようなシーンも珍しくありません。一方、従来は隣に座っていて、意識しなくても濃密なコミュニケーションが可能だった、上司、同僚、部下とは意識的なコミュニケーションが必要になります。

私たちはコミュニケーションを強化するために従来の電子メール、電話、ポータルなどに加え、さまざまな新しい仕組みを用意しました。

統合プレゼンス（在席管理）

フリーオフィスでは誰がどこに座っているのか、それとも外出しているのかがわかりにくくなります。この問題を解決するために統合プレゼンスサービスを用意しました。

統合プレゼンスサービスでは、利用者のスケジュール、電話の状態、ＰＣの稼働状況、利用している無線ＬＡＮのアクセスポイントの場所を集め、利用者が今どこにいて、何をしているかを推測して表示するものです。たとえば、「山田は80％の確率で現在外出中」「沢渡は90％の確率で自席で電話中」といった情報が表示されるので、連絡を取るときにも、メールを使うのか、電話を掛けるのかを使い分けることができます。また、誰がどこに座っているかを管理する在席管理システム用意しました。さらにWebカメラを利用することで、今、席に座っているかどうかを違うフロアからも簡単に確認することができます。一方、プライバシーの侵害を避けるため、何をしているのかわからないようにカメラの解像度は低くしています。

オフィスサイネージュ

オフィスのさまざまな場所に40インチほどのディスプレイを置き、ペーパーレス会議で利用するとともに、オフィスサイネージュ（電子看板）として利用しました。

オフィスサイネージュには、統合プレゼンスで管理している在席状況や新規受注、サービス開始など業務上のイベント、社内教育のお知らせ、情報セキュリティなどのポスターの表示に加え、インターネットから取得した天気予報、電車のトラブル情報、最近のニュース、オフィスに新しく来たメンバーの自己紹介や結婚、子供の誕生などのライフイベントなどを表示することで、オフィスにおけるコミュニケーションの強化を狙いました。

◉統合プレゼンス(在席管理)

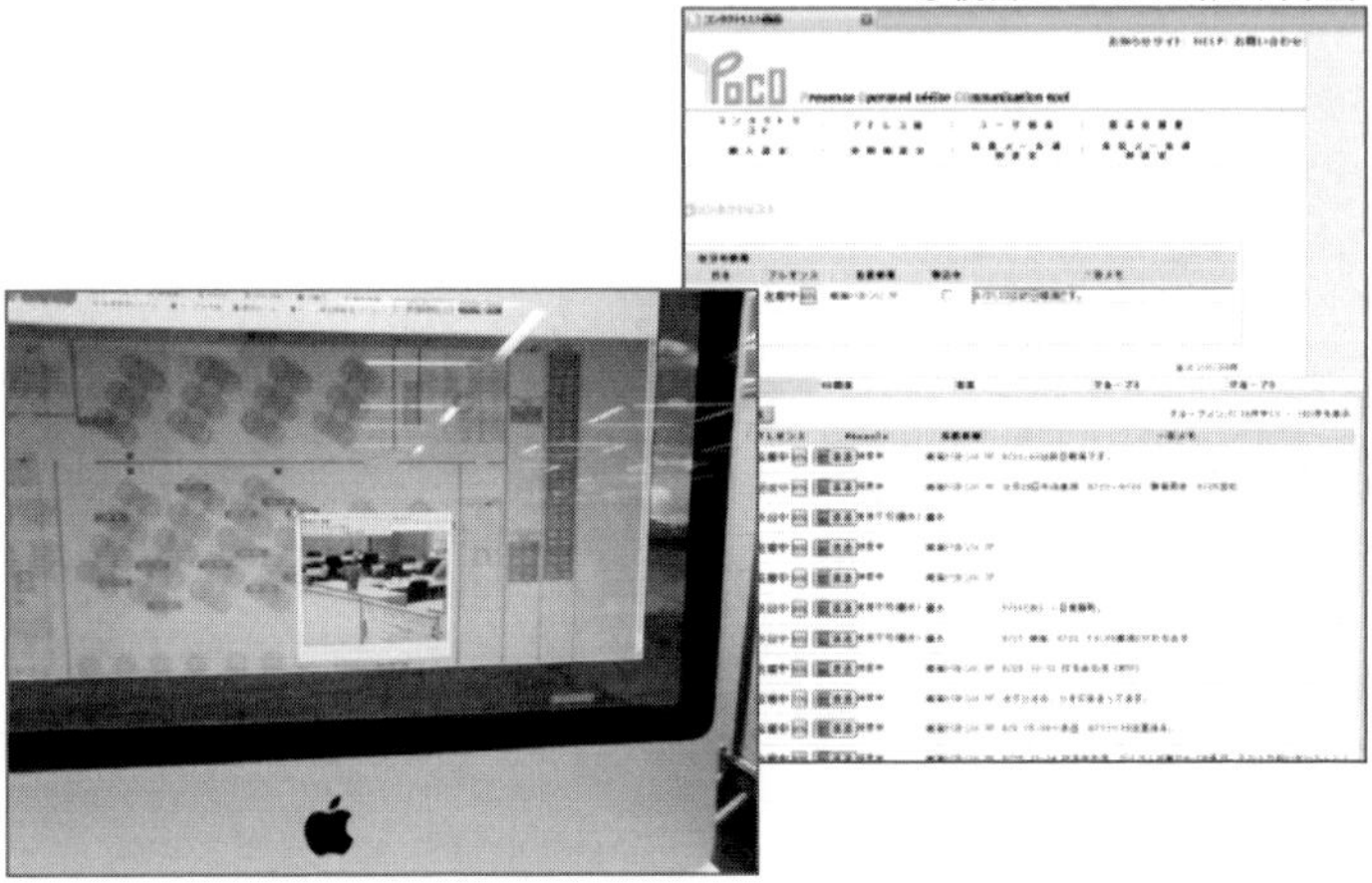

◉オフィスサイネージュ

社内SNS

NTTデータでは他社に先駆けて社内SNSを導入しました。オフィスも離れていて、業務上はまったく関係がない社員たちが仕事に関係すること、プライベートなことなど、さまざまなコミュニケーションをとることが可能になりました。

イベント

ワークスタイルを変えるためにさまざまなイベントを企画、実行しました。

残業抑制

IT業界ではながらく長時間労働が問題視されていました。会社では週に一度、残業をしないリフレッシュデーが定められていましたが、なかなか定着しませんでした。そこでオフィスサイネージュの仕組みを利用し、リフレッシュディの業務時間後には「蛍の光」のメロディーを流すようにしました。しばらくすると、音楽が流れ出すと自発的に帰り支度をする人が増える効果が表れました。

勉強会

オフィスの中心にあるコミュニケーションエリアは広くはないのですが、椅子やテーブルを移動してさまざまな用途に使えるようになっています。そこで月に一度、勉強会を開催しました。机を動かすと中央に椅子を30個ほど置けるので、そこに聴衆が座り、オフィスの真ん中で勉強会を開催することにしました。

勉強会自体はそれまでも行われていましたが、会議室を取ってやっていたため、わざわざ聞きに来る人は多くありませんでした。

しかし、オフィスの真ん中でやることで、人が自然に集まるようになり、自席にいても勉強会の様子が耳に入ってくるので、途中から勉強会に参加する人も出てきました。結果として非常に多くの参加者が集まるようになりました。

オフィスでの飲み会

勉強会がある日はオフィスでの飲み会を合わせて行いました。アルコールと簡単なおつまみを用意し、1人500円から1000円程度の費用での開催を行いました。

◉コミュニケーションエリアでの飲み会の様子

これまではオフィスのメンバーが広く集まって行う飲み会は年に2、3回程度でしたがこれが多くなり、普段、仕事での付き合いがないとも話をする機会が増えました。

定着に向けて

このようにオフィスを作り、ITの仕組みを作り、さまざまなイベントを用意しましたが、それだけでオフィスでの新しい働き方が定着したわけではありません。新しいオフィスが本領を発揮するためには適切なルールを用意し、それが守られるための取り組みが必要でした。新しいオフィスでは次のようなルールを用意しました。

- フリーエリアでは自由な場所に早い者勝ちで座る。二日続けて同じ席に座ってはいけない。
- フリーエリア、居室、ロッカーの上は公共の場所。自分のものを置いてはいけない。
- フリーエリア、固定席エリアともに帰宅時は机の上に紙の放置禁止。
- 私物はロッカー1つ分だけ。
- 会議・打ち合わせでは紙の利用は原則禁止。大きなサイズのエクセルやワードファイルなどのレビュー時のみ利用可。ただし、レビューが終わったら電子化して、紙は破棄すること。
- 会議、打ち合わせで利用したホワイトボードは機密情報のみ消去し、あとは残しておき、次に利用するメンバーが消すこと(他のメンバーが状況を把握するため)。

これらのルールもすぐに定着したわけではありません。推進するメンバーが根気強く説明し、ルール違反を見つけたらすぐにそれを排除する（放置されて私物を見つけたら移動させる。同じ席にばかり座っているメンバーがいたら、その席にあえて座るなど）ことで徐々にルールが定着していきました。

このように新しいオフィスを作り、新しい働き方を導入することができました。新しいオフィスができてしばらく経ってから利用者にアンケートを取ったところ、新しいオフィスは仕事がしやすく、コミュニケーションも活発になったという回答が多く寄せられました。

また、最もわかりやすい効果はオフィスから紙が一掃されたことです。以前のオフィスでは机の上下に多くのファイルが置かれており、さらに机の上は紙だらけでした。オフィスの中にはたくさんのキャビネットがあり、まるで紙に囲まれて生活をしているかのようでした。

しかし、新しいオフィスではキャビネットが劇的に減少し、早朝や全員が帰宅した後のオフィスでは見渡す限り一枚の紙も見当たらなくなりました。会議や打ち合わせに紙を用意する必要がなくなり、思い立ったらすぐにノートＰＣを利用して打ち合わせができるようになりました。

この働き方はすっかり定着して当たり前になっています。インターネットやＰＣがない時代の仕事のやり方が想像が付かないように、紙を利用した仕事の進め方はもはや過去のものと感じています。これはセキュリティ的にも生産性向上の面からも大きな進歩をもたらしたと言えるでしょう。

◉オフィス変更前

◉オフィス変更後

エピローグ

セキュリティは皆を笑顔にする

半年後。営業企画部は新しいビルの新しいフロアで業務を開始していた。
おおまかなエリア区分の考え方は、これまでと変えていない。オフィスを、パブリックエリア、執務エリアの2つに分けた。サーバールームは、このオフィス移転を機になくすことができた。営業管理システムのサーバーを情報システム部のデータセンターに引き取ってもらえたためだ。執務エリアは、従来の固定席を廃止してフリーアドレスにした。営業企画部の社員は、毎日異なるチームのメンバーの人の隣／向かいに座ることになる。これにより、コミュニケーションがますます活性化した。

会議室は全面ガラス張りにし、外から見て誰がどんな打ち合わせをやっているのかがわかるような工夫をした。これなら、万一不審者が混ざっていてもわかるし、資料が置き忘れたまま放置されるリスクも軽減できる。

ただ、それだと管理職限りの会議など、社内であっても情報の秘匿性に配慮が必要な会議を行う際に不自由するため、壁面にロールカーテンを設けて視線をシャットアウトできるようにした。

オープンスペースとカフェコーナーは好評につき、もちろん新オフィスにも設置した。また、新たにウッドのオシャレな本棚を置き、ビジネス書や雑誌を並べた。このスペースは「ナレッジライブラリー」と名付け、図書の貸し出しも行っている。営業企画部メンバーの学習を促進するためだ。

明るいオープンスペースには、社員の会話と笑顔があふれている。皆、自然と挨拶もするようなった。新しい人が入れば、自然とその存在に気付き、積極的に声をかけるようになった。去年までの暗いオフィス、他人に無関心だったオフィスが嘘のようだ。

執務エリアの扉には、社員証による認証はもちろん、監視カメラを設置して人の入退出を監視した。自由な働き方を許すためには、出入り口のセキュリティ対策の徹底が重要だ。

パブリックエリアは、一般の人にも出入りしてもらえるようなソファスペースを設置した。今日も、小さな子どもを連れた近所の主婦たちが試作品のお菓子をつまみながらおしゃべりをしている。その脇では、主婦の声をシンクライアントのノートPCにせっせと打ち込む社員の姿が。オフィスの一部を外部の人たちに開放することで、消費者の声に直に触れられるようにする。また、外の人の目があることにより社員のセキュリティ意識をより高める狙いだ。

パブリックエリアは、社員と取引先のみならず、地域住民や子どもたちも出入りする明るくてにぎやかな空間に生まれ変わった。

「すごい。私、こんな会社で働きたいです！」

インターンシップで来ている学生さんが目を輝かせた。

その様子を見て、あやねは久しぶりに情報セキュリティが価値を提供する6者の図を思い出した。その6者とは、顧客、株主、経営者、従業員、家族、そして地域・取引先。でもそれだけでは足りない。あやねはさらにもう1つ、「未来の従業員」を心の中で付け足した。

＊＊＊

そしてまた新たな春がやってくる。いつもの帰り道。

目黒川に沿う通い慣れたこの道も、オフィスの環境が変わっただけでなぜか新鮮に見える。同じ景色のはずなのに、さまざまな表情を見せてくれるのがうれしい。きっと、それはあやねの心の表情を反映しているに過ぎないのだけれど。

「お疲れ様。あやね！」

人事部の同期、優衣が後ろから駆け寄る。

「ねえ、あやね聞いて。この前の社員満足度調査の結果。なんと、営業企画部がぶっちぎりで1位！」

優衣は人差し指を立てて、1の文字をジェスチャーした。

「えっ、1位…ってあの1位！　う、うそ⁉」

ほかにどんな1位があるというのだろう。あやねは素っ頓狂な声を上げた。

「ホントだよ。ビリからのV字回復。あやねが頑張ったおかげだねっ！　本当に、ありがとう！」

にわかに信じられない。でも、それは紛れもない事実のようだ。じわりじわりと喜びがこみ上げてくる。次の瞬間、あやねは優衣に抱きついていた。こちらこそ、ありがとう。右も左もわからなかった自分に、仕事の楽しさと達成感を教えてくれたのだから。

――わたしは菊川あやね。カナヤ製菓の営業企画部に勤める、入社3年目の社員です。堅苦しいのは大の苦手。ホントに大嫌い。だから、今わたしは自信を持って言います。情報セキュリティは、そこで働く人たちを元気にし、たくさんの人びとの笑顔を生むために必要なのだって。

あやねは再び川の流れに目をやった。夜風に散った桜吹雪が、まるでマーブリングのように川面を鮮やかに彩っている。真上の木の花びらの最後のひとひらが、枝から離れてあやねの肩にそっと舞い降りた。

おわりに～セキュリティって窮屈で面倒くさい。できることなら近づきたくないなぁ～

「セキュリティはみんなを幸せに」

こう思っていた方は少なくないのではないでしょうか。本書でも富士がこんなことを言ってましたね。

実は私もまったく同じように思っていました。セキュリティが大の苦手だったのです。当時、私はNTTデータの情報システム部門に在籍していました。モバイル機器（今だとスマホやタブレット。当時は電子手帳、PDA、携帯電話などでした）に興味があり、モバイル機器を活用して社員をパワーアップし、気持ちよく仕事をしてもらう方法を考えていたのです。しかし、何をやろうとしても常にセキュリティに阻まれてしまったのです。「外出先でシステムを使わせて、情報が漏れたらどうするの？」「簡単な暗証番号じゃ危ないから、もっと複雑で長いものにしてください」「私物のモバイル機器を使うなんてとんでもない」といった感じです。

はじめのうちは「セキュリティも大切ですが、社員に気持ちよく、効率的に仕事をしてもらうことも大事です」と戦っていたのですが、世の中でセキュリティ被害が拡大するにつれて戦況は悪化。新しい試みはうまくいかず、完全敗北となってしまいました。当時、私がどれだけセキュリティを毛嫌いしていたかを想像していただけるのではないかと思います。

そんな私がセキュリティスペシャリストとして、社内やお客様のセキュリティを守る立場になるのだから運命とは不思議なものです。ですが、いざセキュリティスペシャリストとして攻撃や防御の状況を把握し、セキュリティ確保のための活動を行うようになると見方が大きく変わってきました。面倒くさく、窮屈で、何のためにやっているかわからなかった数々のセキュリティ対策にもしっかり意味があること、適切なセキュリティ対策は、セキュリティを守りつつ、効率的に仕事をすることができ、従業員や家族を幸せにすることがわかってきたのです。「面倒に思ったり、反発するだけでなく、ちゃんとセキュリティを理解して議論をすればよかった」と今ではつくづくそう思います。

本書はこのような（苦い）経験を元に、皆さんが同じ間違いを繰り返さないようにとの思いを込めて書きました。

- なぜセキュリティが大切なのか？
- 本当に守らなくてはいけないものは何なのか？
- なぜ自分たちもセキュリティ対策をしなくてはいけないの？
- 人にも会社にも無理なくできるセキュリティ対策は？

多くの人が持つであろうこれらの疑問にお答えしてきました。自分自身が大いに疑問や不満を持っていたからこそ、ちゃんとお伝えすることができたのではないかと思っています。

「セキュリティなんて必要ない世の中だったらどれだけいいだろう」という思いは今でも変わりません。セキュリティを心配することなく、さまざまなＩＴ機器やサービスを利用して新しい方法で効率的な仕事ができれば、みんながもっともっと気持ちよく、幸せになることでしょう。しかし、残念ながらパンドラの箱は開いてしまいました。私たちはさまざまなセキュリティ上の脅威とともに暮らしていかなくてはなりません。本当に大切なセキュリティをしっかりと守りつつ、どうやって社員や家族などの関係者を幸せにするのかを考えていかなくてはなりません。本書がそのきっかけになってくれると信じています。

「セキュリティって意外と悪くないかも」

この本を読み終わった今、そのように思ってくださる方がいらしたら、こんなにうれしいことはありません。皆さんのオフィスがセキュリティによってより安全に、暮らしやすいものになり、皆さんを含む多くの方を幸せにしてくれることを願っています。

２０１６年７月

山田達司

■著者紹介

沢渡《さわたり》　あまね

1975年生まれ。あまねキャリア工房　代表。

業務改善・オフィスコミュニケーション改善士。

株式会社NTTデータ ネットワークソリューション事業部・ITマネジメント室などでITサービスマネージャを歴任。国内外のITオペレーションデスク・ヘルプデスクの立ち上げ・運用・改善を経験する一方、社内やクライアント企業の働き方改革とセキュリティーを両立するオフィス構築、コミュニケーションの仕組みづくりを手がける。2014年秋より現業。

企業や官公庁向けの情報セキュリティー教育、業務プロセス改善やワークスタイル変革の講演・ファシリテーター・執筆活動などを行っている。趣味はドライブと里山カフェめぐり。

■著書
『新人ガール ITIL使って業務プロセス改善します!』(C&R研究所)
『新米主任 ITIL使ってチーム改善します!』(C&R研究所)　ほか

■ブログ：業務改善娘　http://ameblo.jp/gyoumukaizen-musume/

■ブログ：はたらきかた「プチ」改善　http://ameblo.jp/amane-sawatari/

■あまねキャリア工房　http://amane-career.com/

■E-mail　info@amane-career.com

山田《やまだ》　達司《たつし》

1965年生まれ。

株式会社NTTデータ　技術開発本部　エボリューショナルITセンター　課長。

アイデンティティ管理、情報セキュリティ、モバイルコンピューティング、ワークスタイル変革を専門とする。

NTTデータでは情報システム部において情報共有、モバイルコンピューティング、情報セキュリティ対策などに従事。その後、NTTデータ社内用に構築した認証基盤をVANADISとしてソリューション化し、お客様へ提供。現在はR&D部門において、情報セキュリティ、IoTセキュリティ、モバイルコンピューティング、ウェアラブルコンピューターなどに関する研究開発、コンサルティングに携わる。

個人的な活動としてPalm OSを搭載したモバイルデバイス普及のため、日本語化OSの開発、書籍執筆、開発者コミュニティ支援などに尽力する。ユーザーからいただいたニックネームは「Palmの神様」。2chにおける「神降臨」の元祖といわれる。

■ホームページ　http://simple-palm.com

■Facebook　https://www.facebook.com/yamada.tatsushi

■E-mail　yamadatts@nttdata.co.jp ／ yamada@simple-palm.com

編集担当：吉成明久 / カバーデザイン：秋田勘助（オフィス・エドモント）

新入社員と学ぶ オフィスの情報セキュリティ入門

2016年8月1日　　初版発行

著　者　沢渡あまね、山田達司
発行者　池田武人
発行所　株式会社　シーアンドアール研究所
新潟県新潟市北区西名目所4083-6（〒950-3122）
電話　025-259-4293　FAX　025-258-2801

ISBN978-4-86354-203-7 C0034